문암(文岩) 시집

## 바람과 시간의 숨결

시인의 말

## 세월의 결을 어루만지며

　세월을 떠올리면 언제나 '결'이 먼저 생각난다. 그 결은 손끝으로 느껴지는 종이의 미세한 결처럼, 삶의 시간 속에 스며 있는 인간의 숨결이기도 하다. 나는 오랫동안 사진으로 세상을 담아오며, 그 안에서 수많은 감정의 결을 보았다. 빛이 어루만지는 순간의 따뜻함, 어둠이 머무는 자리의 고요함, 그리고 그 사이를 지나가는 이들의 숨소리. 그 모든 것이 나에게는 하나의 시(詩)가 되어 다가왔다. 이제 그 느림과 사유의 결을 시로 옮겨 본다.
　기쁨의 결, 슬픔의 결, 기다림과 인내의 결. 그 결들이 겹겹이 쌓여 지금의 나를 만들었고, 그 위로 한 겹의 감사가 천천히 내려앉았다.
　시를 쓰는 일은 마음의 결을 만지는 일이다. 보이지 않는 슬픔을 어루만지고, 흩어진 기억의 조각을 다시 이어붙이는 일이다. 때로는 오래된 그리움 하나가 문득 문장이 되어 다가오고, 때로는 사소한 바람 한 줄기가 오래 묵은 상처를 흔들어 놓기도 한다.

그 모든 떨림이 내게는 '삶의 증거'였다. 나는 오랜 세월 동안 그 조각들을 모으며 삶의 무늬를 시로 눌러 적어왔다. 그 무늬들은 때로는 고통의 얼굴로, 때로는 은혜의 향기로 다가왔다.

언젠가부터 내 삶의 무늬 속에서 가장 따뜻하게 남은 말은 '감사'였다. 돌이켜보면, 내 삶의 어느 자리에나 보이지 않는 손길이 있었다. 짧은 인연 속에서도 다정한 말을 건네주던 사람들, 그들의 온기가 내 안에 남아 시의 첫 문장이 되었고, 오늘의 나를 있게 한 은총의 자취로 남았다.

삶은 완전하지 않다. 고통은 여전히 고통으로 남고, 상실은 매번 새롭게 우리를 찾아온다. 그러나 그 한가운데에서도, 항상 미세한 온기와 작지만 분명한 빛이 있다. 바람에 흔들리는 나무의 묵묵함 속에도, 거센 물살을 거슬러 오르는 연어의 고집 속에도, 조용히 지는 꽃잎의 마지막 숨결 속에도 그 빛은 결코 사라지지 않는다.

그 빛을 믿는 것이, 그리고 그 믿음을 시로 기록하는 것이 내가 살아가는 방식이며 고백이다. 나는 오래전부터 시를 써오면서 그 시를 통해 마음의 평안을 얻기도 했다. 그 시선 속에 따뜻한 숨 하나, 미소 하나라도 건네질 수 있다면, 그것으로 충분하다고 믿는다.

이 책을 펼친 당신에게, 이 시들이 조용한 위로나 숨결처럼 닿기를 바란다. 가을은 언제나 조용한 가르침을 남긴다. 모든 것이 저물어 가는 그 시간 속에서 우리는 비로소 '남은 것의 아름다움'을 배운다.

낙엽이 흙으로 돌아가며 뿌리를 품듯, 이제 계절은 천천히 겨울을 향해 간다. 하지만 나는 알고 있다. 모든 이별의 끝에는 새로운 시작이 숨어 있다는 것을. 그 믿음 하나로, 오늘도 시를 쓴다.

그리움이 지난 자리의 빛을 한 줄의 언어를 올려놓고, 그 언어가 누군가의 하루를 따스하게 덮어주기를 바라는 마음을 담는다. 이 시집 『바람과 시간의 숨결』은 가을의 마지막 햇살처럼, 당신의 마음에도 잔잔히 머물기를 바라는 마음이다. 그리고 언젠가 그 온기가 다시 봄으로 피어나길 소망하며 오늘도 기다린다.

2025년 가을, 서재에서
文岩 염성철

## 차 례

시인의 말 _ 세월의 결을 어루만지며 / 3

# 1
## 세월의 결을 따라서

세월에 감사하며 / 13
그 겨울의 바람 속으로 / 14
자연의 지혜 / 17
지난 날 / 20
배려와 용기 / 22
반추(反芻) / 24
남한강 / 26
그곳의 기억 / 28
누에 / 31
고요한 길 / 33
그림 같은 사람 / 35
한지(韓紙) / 37
사라의 바다 / 38
송정리의 겨울 / 40
가락국수 / 42
소나무 / 44
연어 / 46

홍두깨 / 48
은어 / 50
일탈 / 52
고서(古書) / 54
꽃처럼 지는 / 56
가을 끝자락 / 58
낙엽 / 60
가을과 겨울 사이의 / 62

## 2
## 시간의 숨결 위에

자연과 더불어 / 67
고수와 하수 / 70
섬, 백령도 / 72
그리움의 무늬 / 75
멈칫 / 77
눈으로 듣는 사랑 / 79
낙조(落照) / 82
어떤 깨달음 / 84
그렇게 사는 거지 / 86
눈 / 88
사랑하니까 / 90
떠나지 못하는 자유 / 92
그 이름 / 94
그리움의 혈통 / 97
시간의 숨결 위에 앉다 / 99

흰 그날의 숨결 / 101
바람이 꽃을 데리고 간다 / 103
꽃 편지 / 105
바람의 기억 / 107
사색(思索) / 110
일의 즐거움 / 112
종이 위의 침묵 / 114
그리움의 맛 / 116
미로의 찻집 / 118
개망초 / 121

# 3
# 감사로 피어나는 날들

호국의 달 / 125
보금자리 / 127
배운다는 것은 / 129
겨울 사랑과 봄 / 131
감자 캐기 / 133
잡초의 노래 / 135
청춘의 빛 / 137
새로운 눈으로 / 139
첫눈 / 141
가을의 사랑 / 143
아버지와 칼국수 / 145
어머니의 유산 / 147
자연과 함께 / 149

풀 향기 / 151
홀로서기 / 153
행복 / 155
문주란 / 157
변주곡 / 159
기억의 향기 / 161
첫 만남 / 163
계절의 흐름 / 165
봄 / 167
빛으로 남은 하루 / 169
팔불출 / 171
커피 한 잔 / 174

*경포의 달 / 176
*그리운 어머니 / 178
*그 시절의 그리움 / 181

**시집을 마치며 _ 감사의 고백 / 183**

**작품 해설 _ 시(詩) 세계의 존재론적 서정 / 186**

\* 세 편의 시, '경포의 달', '그리운 어머니', '그 시절의 그리움'은 문예지 〈문학사상〉을 통해 발표되어 시인으로 등단하게 된 작품이다. 세월의 깊은 책장 속에서 다시 마주한 이 시들을, 그때의 숨결과 함께 옮겨 본다.

# 1

## 세월의 결을 따라

세월은 손끝으로 느껴지는 종이의 결처럼,
보이지 않아도 분명히 존재한다.

그 결을 따라 걸어오며, 나는 삶의 무늬를 배웠다.
기쁨의 결, 슬픔의 결, 그리고 감사의 결이
겹겹이 겹쳐져 지금의 나를 만들었다.

그 길 위에서 나는 비로소 깨닫는다.

세월은 흘러가는 것이 아니라,
우리 안에 스며드는 것임을.

## 세월에 감사하며

나는 가끔 추억의 통장을 연다.
그 안엔 눈물보다 감사가 더 많이 쌓여 있다.
멈춰선 날들도 헛되지 않았음을
이제야 조금은 알 것 같다.
바람이 머물다 간 자리마다
내 마음은 조금 더 부드러워지고,
시간의 결마다
성숙이라는 이름이 새겨져 있었다.
그래서 이제는 안다.
흘러간다는 것은 사라짐이 아니라
조용히 살아간다는 또 다른 말임을.
그 모든 지나간 날들에
나는 오늘도 고개 숙여 감사한다.

## 그 겨울의 바람 속으로

비 내리던 여름에도,
매서운 바람이 불던 겨울에도
나는 자전거를 탔다.
비를 맞으며 달리는 길 위,
젖은 바람이 얼굴을 스쳤고
차가운 공기가
내 이름을 부르듯 지나갔다.
3단 기어의 낡은 자전거.
담임선생님이 내게 건네시던 그날
그건 단순한 쇳덩이가 아니라
청춘의 첫 번째 날개였다.
경포대의 파도,
주문진의 바람,
양양을 지나 설악까지,
우리의 젊음은 길 위에 흩날렸다.

찐빵 집, 김 서린 유리창가에
옹기종기 모여앉아
웃음꽃 피우던 그 시절
헛발질로 넘어지던 친구의 외침,
턱수염이 메뚜기 같은 친구
부잣집 선배가 건네던 따뜻한 손길
그 이름들을 부르면
어느 시인의 시처럼 별이 뜬다.
그 시절,
우리의 별은 참으로 밝았다.
실수투성이의 행동이
젊음의 상처가 아니라
희망의 흔적이었다.
추운 겨울날 자전거를 타고
볼이 시리고 손끝이 얼어붙어도
나는 멈추지 않았다.
겨울의 찬 기운 속에서
삶은 뜨겁게 달리고 있었다.
이제 산을 넘어 바다에 닿는다.
파도는 나를 알아본 듯 속삭인다.
"너, 나를 좋아했지?"
그래, 바다야.

너는 나의 또 다른 청춘이었다.
누군가 묻는다면
나는 미소 지을 것이다.
"산도 좋지만,
그래도 바다가 더 좋다."
경포대의 검푸른 바다
바람은 여전히 차고,
가슴은 여전히 뜨겁다.
그 시절의 나처럼,
희망을 향해
나는 오늘도
조용히 달린다.

## 자연의 지혜


숲길을 걷는다.
나무는 한결같이 서서
바람과 햇살을 나누고
뿌리는 흙 속 깊이 스며든 시간을 품는다.
그 가지마다, 그 잎마다
겸손과 기다림이 스며 있다.
말없이 가르치고, 말없이 견뎌낸다.
나는 그 속에서 숨을 고르고
나를 천천히 잊는다.
강은 굽이치며 흐른다.
돌을 스치고 모래를 쓰다듬으며
길을 잃은 나를 은밀히 안내한다.
작은 물방울 하나에도
세상의 기억이 담겨 있음을 보여주고
그 흐름 속에서
나는 내 마음의 시냇물까지 정리한다.

그 소리를 듣는 순간,
나는 스스로를 비우고
조용히 채운다.
하늘은 무심히 펼쳐지고
구름은 천천히 흘러간다.
저녁이면 붉게 물들고
새벽이면 은빛으로 깨어난다.
그 빛깔이 마음 속 깊이 내려앉아
말없는 위로가 되고
잊었던 꿈들을 깨운다.
나는 구름이 흘러가는 속도를 따라
내 생각들을 흘려보내고
머물러야 할 것과 떠나야 할 것을 구별한다.
바람은 나지막이 속삭인다.
낙엽을 흔들고, 먼 들판을 스치며
나를 깨운다.
삶은 항상 흐르고,
그 흐름 속에서 모든 것은 배우며,
사라지며, 다시 태어난다.
나는 발끝에 스치는 풀잎마다
세상의 지혜를 느끼고
손끝으로 닿는 나무껍질마다

시간의 깊이를 배운다.
하늘, 바람, 강, 숲,
모든 생명이 함께 호흡하며
서로의 존재를 증명한다.
자연은 가르치지 않아도 가르친다.
기다림의 가치,
겸손의 무게,
넘어짐과 다시 일어섬의 순환을.
그 모든 과정이 나를 스승 삼아
조용히 길러낸다.
작은 풀꽃 하나에도
세상의 모든 지혜가 담겨 있음을,
그 속에서 나는 나 자신과
세상의 일부임을 깨닫는다.
흙의 냄새, 바람의 숨결,
물의 흐름 속에
나는 그 속에서
조용히 나를 배우고,
조용히 나를 일구어 간다.
자연의 지혜는 늘 그 자리에서
말없이, 그러나 흔들림 없이
내 안에 스며든다.

## 지난 날

눈은 고요히 내려
세상의 모든 소리를 삼켰다.
그해 겨울,
강릉의 바람은 아직 맑았고
바다는 눈빛처럼 조용했다.
그 고요 속에서 우리는
하루하루를 흰 숨 속에 묻으며 살았다.
대나무 끝에 갈고리를 매달고
가지마다 내려앉은 눈을 털어내던 날,
소나무의 팔은 무게를 견디지 못해
가늘게 떨렸고,
우리는 그 떨림을 눈송이의 속삭임이라 믿었다.
추운 줄 몰랐다
웃음이 입김처럼 피어올라
하늘 끝으로 흩어졌을 뿐이다.

허벅지까지 차오른 눈을 헤치며
대문을 열던 하숙집 마당,
비둘기들이 내려와
삼태기 밑으로 모여들었다.
그때 우리는
배고픔보다 젊음을 먼저 믿었고,
대모의 두루치기 냄새가 골목 끝까지 번질 때면
세상 모든 겨울이 한순간에 녹아내렸다.
그 녹아내림 속에서도
우리는 미래를 두려워하지 않았다.
세상이 아직 우리를 다치게 하는 법을 몰랐고,
청춘은 늘 눈처럼 새로 내렸다.
이제 남은 건
그날의 온기가 묻은 이름들,
그리고 아직도 내 마음 깊은 곳에
조용히 내리는 한겨울의 흰 고요.

## 배려와 용기

꼭 해야 할 말을
하지 않는 용기,
해야 할 일을
마다하지 않는 용기,
그 사이에서 나는
늘 누군가를 먼저 생각했다.
계단을 오를 때마다
발소리를 지우던 습관,
문을 닫을 때
바람 한 점도 다치지 않게 하던 손끝,
그건 외할아버지에게 배운 예절이었다.
그분은 늘 말없이
사람답게 사는 법을 보여주셨다.
식탁 위의 젓가락 놓는 각도까지
인생의 도리처럼 가르쳐 주셨다.
기대라는 단어가

어린 어깨 위에서 무겁게 흔들릴 때마다
어머니가 그리웠다.
잠시 함께였던 막내 이모,
그 손길이
겨울 햇살처럼 따뜻했다.
그 온기를 아직도 잊지 못한다.
지금 생각하면
나는 너무 곧았고,
그 곧음이 누군가에겐
벽이 되었을 것이다.
이제야 안다.
배려는 용기의 다른 이름이라는 것을.

## 반추(反芻)


둑길을 지나던 어린 날,
나는 맞고 있었다.
바람이 불어도
아무도 나를 보지 않았다.
친구들도 눈을 돌렸다.
그때부터였을 것이다.
나는 나를 지키기로 했다.
태권도의 첫 동작은 방어였다.
몸보다 먼저 마음을 단련했다.
겨울의 매서운 공기 속에서
이를 악물던 그 시절,
고통이 근육보다 먼저 자랐다.
이후
특전사의 새벽,
도복 위로 흙냄새가 배어들었다.
하늘을 찌르는 구령 소리 사이로

청춘은 흩어졌고,
나는 그 소리 속에서
내 이름을 배웠다.
전역 명단이 발표되던 날,
나는 떠나지 못했다.
남고 싶은 마음이
조용히 내 발끝에 걸려 있었다.
지금도 가끔 생각한다.
그때 직업군인이 되었다면
나는 아직도
도복을 입고 있을까.
몸에 밴 절도,
마음에 남은 규율,
그 모든 훈련이
지금의 나를 만든다.
아직도 나는,
그때의 나를
되새기며 산다.

## 남한강

여름의 강은
내 어린 날의 얼굴이었다.
유리 어항 속에
쏘가리와 쉬리가 반짝이고,
손끝마다 물빛이 묻어났다.
아버지를 기쁘게 하려
물살을 건너던 오후,
두려움과 들뜸이 뒤섞였다.
지금의 강은
수석을 줍는 사람들의 강이다.
나는 그 수석 위에서
흐름의 얼굴을 본다.
수석은 남고,
마음은 흘러간다.
흐르는 것은
정말 사라지는가.

남한강은
아무 말 없이
빛 한 줄기 흘려보낸다.

## 그곳의 기억

한때의 풍경을 찾아
나는 다시 그 길을 걸었다.
파라호의 물결은 잔잔히 흔들리며
햇살을 담아 반짝이고,
한탄강의 절벽은 여전히 깊어
내 작은 존재를 숨죽이게 한다.
연천의 냇물은 어느새 도랑이 되어
옛날처럼 큰 소리로 흐르진 않았지만
그 위로 내 그림자가 조용히 지나갔다.
사라진 집, 사라진 이름들,
그 자리에 남은 것은
바람의 속삭임과,
내 마음속에 오래도록 남은 기억뿐이었다.
연천역의 낡은 물탱크는
오래된 시간을 대신 지키듯
굳건히 서 있었고,

비둘기낭 폭포의 물소리 속에는
그날의 웃음과 발자국이
물방울처럼 흩날리고 있었다.
나는 발걸음을 멈추고
그 풍경 속으로 몸을 묻었다.
바람은 나의 머리칼을 스치며
시간이 흘러도 잊히지 않는 이야기들을 들려주었다.
흙 냄새, 돌의 차가움, 물의 맑은 숨결
모든 것이 나를 오래된 나로 되돌리고,
그때의 나와 지금의 나를 나란히 세운다.
길 위에는 아무도 없었지만
나는 그곳의 온기를 느꼈다.
사라진 집들 사이로 스며드는 햇빛,
옛 이름들이 부르는 바람,
그 모든 것들이 내 마음속에
조용히 노래했다.
나는 기억을 따라 걷고,
기억 속에서 나를 발견하며,
사라진 시간의 흔적을 손끝으로 더듬는다.
파라호와 한탄강, 연천의 냇물,
그 모든 풍경이 나에게 속삭인다.
"잊지 말자, 우리가 흘려보낸 날들을

조용히 품고 살아가자."
나는 그 속삭임 속에서
내 마음의 지도와 시간을 꺼내어
하나하나 확인한다.
그리고 나는 안다.
기억은 사라지지 않고,
풍경 속에, 물소리 속에,
바람과 햇살 속에
언제나 살아 있다는 것을.
그곳의 기억은
내 안에서 살아 숨 쉬며,
오늘의 나를 만들어 주고 있었다.

## 누에

깨알보다 작은 알 속에서
개미누에가 깨어난다.
잘게 썬 뽕잎 위를 기어오르며
가랑비 내리듯 잎을 먹는다.
그 소리는 내 어릴 적 고요한 봄날,
작은 생명의 숨소리였다.
날마다.먹고, 벗고,
다시 먹으며 커가는 누에.
몸빛이 희게 변할 때
입끝에서 하얀 실이 뽑힌다.
밀짚 틀 위에서
스스로의 집을 짓는 누에를 보면
한 생의 정직함이 보였다.
작은 몸에서 1,200미터의 길을 잇는 동안
한 번도 쉰 적이 없다.
고치 속에 남은 온기와

누에방의 짙은 냄새,
그 시절의 나는
누에와 함께 자랐다.
지금은 재래시장 한켠,
볶은 번데기의 고소한 추억만이
그 날을 불러낸다.
누에의 삶처럼
고요한 시간이 그리워진다.

## 고요한 길

겨울은 내 안의 방향을 가르쳤다.
눈발이 허공을 흔들 때,
나는 결핍 속에서 따뜻함의 자리를 배웠다.
봉천동 달동네,
얼어붙은 새벽,
물지게의 철 소리가
청춘의 심장을 두드렸다.
작은 웃음 하나에도
온기가 피어오르던 시절,
결핍은 마음을 단순하게 만들었다.
무엇이 필요한지,
무엇을 내려놓을 수 있는지를 묻던 날들.

그렇게
눈 내리던 강릉의 겨울,
유리창에 성에가 끼던 아침.

누군가의 스케치북 속
짧은 문장을 기억한다.
"내 귀는 소라껍데기 바닷소리를 그리워하나니 …"
그 문장을 남긴 소녀의 얼굴에
햇살처럼 번지던 여드름 자국.
그때가 그립도록 생각난다.
흰 눈 내리던 그날 밤,
화가가 되었으면 하는 막연한 생각 속에
그림은 경계를 긋는 일이라지만,
그 경계를 어디에 그을지는
언제나 혼자의 몫이었다.
세월이 흘러도 나는 여전히
외로움의 그림자가 아니라
조용히 곁에 두어야 할 벗.
겨울은 추위가 아니라
방향을 가르쳐준다.

## 그림 같은 사람

사랑하는 이는 언제나
단 한 사람뿐이다.
그 사랑의 빛은 멀리서도
신록처럼 푸르고 투명하다.
나의 스승,
미술 선생님은 내 안의 불씨를 알아보셨다.
수업이 끝나면
우리는 나무와 바람을 그리러 나갔다.
그 옆에서 당신은
햇살 같은 말로 내 선을 다듬어 주셨다.
세 해의 시간은
한 폭의 풍경화처럼 흘렀다.
사모님은 강릉여고의 미술 선생님,
그림 속의 미인 같았다.
어느 날, 이삿짐 속
보자기에 싸인 사모님의 누드화

나는 숨을 죽이고 보자기를 덮었다.
그 순간, 청춘의 빛이 내 얼굴에 번졌다.
진심으로 잘하는 사람은
얼굴에 철학이 묻어 있다.
그 눈빛은,
세상을 바라보는 또 다른 화폭이었다.
담임선생님이 물려준 낡은 카메라로
나는 세상을 담았다.
그 속에는 아직도
당신의 시선이 흐른다.
아름다운 세상은
결국 '그림 같은 세상'이다.
그리고 그 그림 속
언제나 생각나고 보고픈
그림 같은 사람.

## 한지(韓紙)

창문 위 하얀 숨결,
햇살이 스미면 빛은 한 장의 마음이 된다.
나는 그 속에서 오래된 바람의 자취를 본다,
사랑했던 얼굴들이 바람결에 스친다.
닥나무 껍질을 벗기던 손길이 아직도 따뜻하다.
물에 불린 흰 속살이 풀어질 때마다
시간은 조용히 자신을 펴내고 있었다.
초벌의 빛, 두벌의 숨, 세벌의 결
그 종이 위로 삶의 결이 눌리고,
손끝의 정성이 잉크처럼 번졌다.
가장 고운 빛을 묻는다면
나는 지금도 쪽빛이라 말하리라.
하늘과 닮은, 그리움의 색이었으므로.
오늘도 나는 창을 올려다본다.
한지 한 장에 스민 시간의 향기 속에서
그 시절의 나를 다시 만난다.

## 사라의 바다

바람이 분다.
잃어버린 이름들이 내 안에서 흔들린다.
나는 언제나 바다를 바라보았다.
바다는 모든 것을 삼키고도 아무 말이 없었다.
그 고요 속에서 나는 자랐다.
할아버지는 새벽마다
하늘 끝으로 사라졌다가,
저녁이면 바람의 냄새로 돌아왔다.
그러던 어느 날,
'사라'가 왔다.
그 이름은 사람 같았고,
그날의 바다는 짐승 같았다.
파도가 집을 삼키고
배는 돌아오지 않았다.
그날 이후,
할아버지는 파도 대신 술잔을 저었다.

그 눈동자엔 여전히 바다가 살고 있었다.
말이 적었던,
나를 바라보며 조용히 말했다.
"사람은 견디는 법을 배워야 한다."
그 말이,
어쩐지 울음처럼 들렸다.
세월이 흘러,
사라졌던 이름들이 파도에 실려 돌아왔다.
할아버지도, 아버지도 이젠 없지만
나는 여전히 그 바다 안에서 산다.
'사라'
그건 태풍의 이름이었고,
내 삶이 견뎌온 바람의 이름이었다.

## 송정리의 겨울

겨울 저녁, 연탄 냄새가 골목마다 스며들던 시절
어머니는 막내를 품고 계셨다
창문 너머 스친 그림자
"도둑이야!"
달빛만 남기고 사라진 밤,
우린 두려움에 창문을 덮었다
새벽, 숨 막히는 공기 속에서
동치미 한 그릇의 신맛으로
다시 눈을 떴다
옆집 아주머니의 손길은
한겨울의 햇살처럼 따뜻했다
학교엔 도시락 없는 아이가 많았다
내 짝꿍도 그랬다
나는 밥을 꾹꾹 눌러 담아
숟가락 두 개를 챙겼다
점심이면 뒷동산에 올라

도시락에 금을 그어 나누어 먹었다
작은 밥 한 숟가락이
세상을 채우던 시절이었다
세월이 흘러
어머니는 말하셨다
"그때 왜 밥을 눌러 달라 했는지,
이제야 알겠다."
그 말이 내 마음을 오래 울렸다
가난했지만
정은 참 따뜻했던
그 겨울, 송정리.

## 가락국수




밤 열두 시, 영주역 플랫폼
숨결이 하얗게 피어오르던 겨울
열차는 단 5분,
그 짧은 틈을 노리고 사람들은 달렸다
그때 나는
뜨끈한 국수 한 그릇을
서서, 마셨다
호루라기 소리에
면발을 삼키며 달리는 열차에 올랐다
그 맛은 지금도 내 입안에 남아 있다
배고픔 때문이었을까,
아니면 외로움 때문이었을까
8년 동안 그 열차를 타고
수없이 영주를 지났다
열차의 희미한 불빛
도스토옙스키의 책장을 넘기며

삶의 죄와 벌을 생각했다
인생도 국수 한 그릇처럼
잠시 머물렀다 사라지는
따뜻한 김 같은 것이라 생각했다
세월이 흘러도
그 맛은 아직 내 마음에 남아
길을 걷다 문득,
그때 그 국수 냄새가 나면
내 청춘이 잠시 돌아온다
가난했지만, 외로웠지만
그 한 그릇이 내 삶을 버티게 했다
영주역의 밤,
그 가락국수의 뜨거운 국물처럼
아름다운 추억을 담는다.

## 소나무

외가의 산자락,
바린골 입구에 소나무 한 그루.
외할아버지는 그 나무를 쓰다듬으며
늘 말씀하셨다.
"나와 함께 가자."
그 말의 뜻을
그땐 몰랐다.
세월이 흘러
도시의 불빛 속을 헤매던 어느 겨울,
외할아버지가 위독하다는 소식을 들었다.
눈 내리는 겨울,
간신히 닿은 병실에서
외할아버지는 나를 보며 눈물을 흘리셨다.
마루 밑에 숨겨져 있던 한 토막의 소나무,
그것이 외할아버지의 마지막 길이 될 줄
그때는 몰랐다.

손수레에 싣고 목재소로 향하던 길,
차가운 나무결에서
외할아버지의 따스한 손의 온기를 느꼈다.
그 나무는
마침내 관이 되어
산자락 고요한 흙 속에 누웠다.
이제야 안다.
그 말,
"나와 함께 가자."
삶과 죽음의 경계에서도
곧고 단단하게 서 있던
한 그루 소나무의 뜻을
이제야 삶에 녹아든다.

## 연어

가을 냇물은 유리처럼 차고,
은빛 비늘들이 바람결에 흔들린다.
아이들의 함성이 물 위로 부서지고
대나무 장대 끝에서
한 생이 반짝이며 솟구친다.
추녀 끝에 매달린 붉은 살점,
기름이 자르르 흘러
가을 냄새가 골목을 채운다.
숯불 위에 올린 연어,
오도독, 알의 터지는 소리,
그 소리 속에 조상의 숨결이 있었다.
가을, 시제날
어른들은 조상 묘를 돌며 절을 올리고
아이들은 제사보다는 젯밥이라고
차려진 고기와 생선을 눈으로 삼켰다.
어른들은 음식을 나누며
한 해의 수고를 서로 덜어 주었다.

돌아오는 길,
지게는 가벼웠으나
마음은 연어처럼 묵직했다.
세월이 흘러
이제 나는 도시의 불빛 속을 거슬러 산다.
냇물은 멀리 흘러도
그 가을의 연어는 내 안에서 여전히 오른다.
흐름을 거스르는 일,
그것이 어쩌면
살아 있다는 증거일 것이다.

## 홍두깨

외할머니의 손끝에서
밀가루 반죽이 넓게 피어났다.
돌돌 말린 밀판 위,
홍두깨가 지나갈 때마다
여름의 바람이 숨을 고른다.
호박 한 줌, 고추 송송,
간장 한 숟가락이면
한 끼의 세상은 완성되었다.
밀면 밀수록 넓어지는 반죽이
어쩐지 내 삶 같아 보였다.
날콩가루의 비릿한 냄새에
입을 다물던 날,
배는 고팠고
밤은 길었다.
서러움이 밀가루처럼 퍼져
꿈속에서도 울었다.

농번기 중학생 시절,
손가락을 낫으로 깊이 베인 날
보리밭의 피 냄새와
국수의 하얀 김이 뒤섞였다.
그 자국은 아직도 내 손에 남아
삶의 골을 따라 자란다.

# 은어

한여름 냇물에
은빛 몸을 비비며 오르던 은어들,
우린 산초잎을 찧어 풀어놓고
비틀거리던 생명을 조심스레 주워 담았다.
솥을 걸어 매운탕을 끓이던 냇가,
연기 속에 섞인 웃음과 땀 냄새,
그 시절의 햇살은
지금보다 더 따뜻했다.
세월이 흘러 다시 찾은 고향,
물길은 사라지고
돌무더기만 남았다.
그 많던 소나무는 그림자조차 없었다.
황금빛 잎을 단 소나무 한 그루,
산 중턱에서 나를 기다리고 있었다.
가뭄이면 갈색으로,
장마가 오면 푸른빛으로 변한다는 나무,

세상은 그렇게 숨을 쉬고 있었다.
그곳
감나무엔 홍시가 주렁주렁,
그 달콤함이
지나온 인생을 위로했다.
지금도 가끔,
그 매운탕 냄새가 기억 속에서 피어난다.
은어는 없지만
추억은 여전히 흐르고
나는 다시 젊은 날의 냇가로 돌아간다.

## 일탈

도시의 회색빛 아래
나는 잠시 발걸음을 멈추었다.
콘크리트 틈새로 스며드는 바람,
어깨를 스치는 먼지 냄새 속에서
내 마음은 천천히 풀려나갔다.
길모퉁이 작은 골목을 돌아
낯선 골짜기로 발을 들이자
시간은 느릿하게 흘러
소리 없는 새들의 노래가
내 귓가를 스쳤다.
나는 잠시 규칙을 잊고
길 위의 그림자와 함께 흘러갔다.
낡은 벤치 위, 햇살과 그림자가 어울려
잠시 나를 비추고,
잠시 나를 풀어주었다.
바람이 나뭇잎을 흔들며 속삭일 때

나는 삶의 틈새로 숨어든 자유를 느낀다.
도시의 소음도, 약속도, 계획도
모두 뒤로하고
오직 나만의 길 위에
나는 홀로 존재한다.
짧은 일탈 속에서
나는 나를 다시 만난다.
평소라면 지나쳤을 풍경 속에서
작은 행복과 깨달음을 주워 담으며
다시 돌아갈 세상을 준비한다.

## 고서(古書)

청계천 헌책방 골목,
먼지 낀 활자들이
낡은 숨을 고르고 있다.
햇빛 한 줄기에도
종이 냄새가 피어오르고,
그 속에 묻힌 시간들이
가느다랗게 깨어난다.
책장 사이에는
오래된 손끝의 체온이 남아 있고,
누군가의 꿈과 사연이
바스락거리는 종이결에 스며 있다.
활자의 그림자 사이로
세월의 먼지가 내려앉는다.
나는 손끝으로
'목민심서' 한 권을 더듬는다.
백성을 다스리던 그 마음이

이제는 내 하루를 다스릴 지침으로
조용히 자리 잡는다.
책장을 넘길 때마다
잊혔던 목소리들이 깨어나
나를 바라보는 듯하다.
그때의 바람,
그때의 침묵,
그때의 사람들
모두 활자 속에서 다시 숨을 쉰다.
가끔은
종이 위의 글자들이
또 다른 나의 이야기를 적고 있는 듯하다.
그 속에는 어제의 나도,
내일의 나도
조용히 스며 있다.
세상은 여전히 넓고,
나는 아직도
읽히지 않은 문장이다.

## 꽃처럼 지는

핸드폰에
짧은 진동이 지나간다.
문자 한 줄이
봄의 햇살을 식혀 놓는다.
그녀가 갔다
스무 해를 함께 웃던 이웃,
눈 내리는 삼월,
말 한마디 없이
아들은 내 손을 꼭 잡고
울먹이며 말했다.
"엄마에게 좋은 추억 남겨 주셔서
감사합니다."
뜻밖의 소리를 들었다.
마치 그때 눈송이가
그 위로 내려앉는다.
꽃잎처럼

끝내 지지 못해 떨리는 생의 한 조각.
그와 함께한 바다와 가을의 산길,
작은 온천의 웃음이
하얀 연기로 스며든다.
시간은 언제나 잔인하다.
꽃이 피는 일보다
지는 일이 더 조용하다.
또 부고가 왔다.
함께 지내던 친구,
한 줄 문자로 사라졌다.
삶은 무엇일까.
죽음은 어디서 오는가.
호스피스 병동에서 본 눈빛들
그 속에 이미
'떠남의 평화'가 있었다.
오늘도 하늘엔 눈이 내리고
내 마음엔 꽃이 진다.
우리가 다시 만날 날까지
서로를 품고,
피고, 지고,
빛나자.

## 가을 끝자락

사람들은 쉽게 말한다.
"밥 한번 먹자."
그 말은 늘 공중에 떠 있고,
바람처럼 흩어진다.
나는 그런 말을 잘 하지 않는다.
말은 약속이고, 약속은 마음이기 때문이다.
며칠 전, 서점 앞에서 지인을 만났다.
그 역시 웃으며 말했다.
"언제 식사 한번 해요."
나는 속으로 중얼거렸다.
'그놈의 밥, 굶어 죽는 사람 있나.'
그러나 집으로 돌아오는 길,
혹시 나도 누군가에게
그런 빈말을 건넨 적이 있었을까
생각했다.
가을 끝자락,

국화는 이미 향기를 잃고
화분마다 잎이 말라간다.
길 위의 바람은 서늘하고,
하늘은 투명하지만
조금은 쓸쓸하다.
그 끝자락에도
생명의 흔적은 남아 있다.
남은 국화 한 송이가
바람에 흔들리며 속삭인다.
'모든 것은 흩어지고 사라져도
다시 돌아올 날은 있다.'
그 믿음 하나로 나는
시든 꽃잎을 털어내고
길 위를 걷는다.
사람의 말도 그러하다.
빈말처럼 흘러도
진심은 언젠가 다시 만난다.
바람처럼 흩어진 약속도
봄이 오면 새순처럼 되살아날지 모른다.
가을 끝자락,
마른 잎과 남은 꽃향기 사이에서
나는 마음을 정리한다.

## 낙엽

가을이 문턱을 넘어가면
나무는 자신을 버림으로 다시 산다.
나는 오늘도 그 이치를 배우며
낙엽처럼 하루를 접는다.
퇴직 후의 시간은 길고,
의미는 자꾸 짧아진다.
하루 세 번은 창밖을 보며
내가 아직 살아 있음을 확인한다.
버려지는 것들의 쓸쓸함 속에서
나는 비로소 나를 본다.
세상의 중심에 서 있던 시간보다
지금이 더 조용히 빛난다.
책상 위엔 마르지 않는 잉크,
마음속엔 아직 쓰지 못한 문장 하나.
나는 그 문장을 붙잡고 살아간다.
이제는 일보다 마음을 편집하며 산다.

책을 만든다는 건
한 삶을 다시 엮는 일이다.
퇴색이 아닌 되살아남으로,
나는 내 이야기를 눌러 쓴다.
누군가는 낙엽이라 말하지만
나는 안다
떨어지는 일은 끝이 아니라
봄의 문을 여는 일이라는 것을.
이 새벽,
한 줄의 글 속에서
나는 또 살아난다.

## 가을과 겨울 사이의

가을은 아직 잎을 붙잡고
바람 속에서 마지막 숨을 내쉰다.
길 위에는 마른 낙엽이 흩어지고
햇살은 낮게 깔리며
그림자를 길게 늘인다.
나는 그 사이를 걷는다.
서늘한 공기 속,
귓가를 스치는 바람이
지난날의 이야기들을 풀어놓는다.
낯선 골목, 오래된 벤치,
그 위로 남은 햇살조차
마치 시간을 머금은 듯
조용히 빛난다.
강물은 느리게 흘러
가을의 흔적과 겨울의 기운을 함께 담는다.
돌 틈에서 새싹은 겨울을 준비하고

물 위로 떨어진 낙엽은
반짝이는 기억처럼 떠돈다.
나는 잠시 멈춰 서서
숨을 고르고,
손끝으로 스치는 바람에
마음을 맡긴다.
가을의 끝, 겨울의 시작,
그 경계에서
나는 내 마음의 온도와
잊고 있던 감정을 느낀다.
길가의 오래된 나무는
그 자리를 지키며 계절을 견디고
나는 그 나무를 바라보며
나 자신도 이렇게 흔들리면서
조용히 서 있을 수 있음을 안다.
바람에 흔들리는 잎사귀처럼
내 마음도 스치고 흩어지지만
뿌리는 깊이 내려져 있음을 느낀다.
하늘은 높고 투명하다.
서리 내릴 날을 예고하듯
차갑지만 맑은 빛으로
세상을 비춘다.

나는 그 빛 속에서
지난 날의 나와 오늘의 나를 겹쳐보고
잠시 사라졌던 나를 다시 찾는다.
가을과 겨울 사이,
모든 것이 멈춘 듯 하지만
생명은 조용히 준비한다.
새벽마다 내리는 서리,
길 위의 조용한 발걸음,
떨어진 낙엽의 속삭임,
그 모든 것이 나에게
조용한 힘을 준다.
나는 가을의 끝자락에서
눈 내리기 전 겨울의 숨결을 느끼며
시린 공기 속에서
조용히 오늘을 배운다.
계절이 바뀌어도
시간은 흐르고,
생명은 이어지고,
마음도 천천히 길러진다는 것을.
가을과 겨울 사이,
나는 그렇게 나를 다시 발견한다.

# 2

## 시간의 숨결 위에

시간은 눈에 보이지 않지만,
모든 존재 위에 조용히 내려앉는다.

그 숨결은 바람처럼 스쳐가면서도
마음 깊은 곳에 흔적을 남긴다.

그 흔적 위에서 나는 오늘을 배운다.
지나간 시간 속에도 따뜻한 온기가 있었다.

그리고 그 온기가 다시 내일의 숨결이 된다는 것을.

## 자연과 더불어

한때 나는 산이 전부인 줄 알았다.
깊은 계곡을 따라 흐르는 바람,
나뭇잎 사이로 스며드는 햇살,
작은 새들의 날갯짓과 흙냄새까지
모두가 고요 속에서 숨 쉬고 있었다.
그 안에서 나는 나를 발견했다.
바쁘게 돌아가던 도시의 시간과 달리
산은 느리게, 그러나 변함없이
세월을 품고 있었다.
나의 작은 두려움과 소망,
그리고 지나온 날들의 흔적마저
나무의 숨결 속에 묻어두었다.
산길을 걷는 동안
내 발걸음은 자꾸만 멈추었다.
돌 위에 앉아 바람을 느끼고,
물소리를 귀 기울여 듣고,

햇살에 반짝이는 이끼 하나에도
가슴이 설랬다.
산은 단순히 높고 웅장한 것이 아니었다.
그 안에는 내 마음의 그림자도,
내 안의 평화도,
그리고 아직 말하지 못한 이야기들도 있었다.
바람이 지나간 자리에는
마치 내 안의 고민이 씻겨 나간 듯한
깨끗한 공기가 남았다.
자연과 더불어 있을 때,
나는 비로소 나 자신과 세상을 이해했다.
나를 괴롭히던 잡다한 생각들은
나뭇가지 사이로 흩어지고,
햇살 속에서 희미하게 반짝이며
다시금 내 마음 안으로 돌아왔다.
저녁 노을이 산등성을 물들이면
하루의 끝이 다가왔음을 느낀다.
그러나 산은 여전히 침묵하고,
그 침묵 속에서 나는
삶의 균형과 속도를 배우며
조용히 숨을 고른다.
자연은 나에게 스승이었다.

말없이 가르쳐주고,
말없이 안아주고,
말없이 나를 기다려주었다.
그 속에서 나는 비로소
삶의 무게를 견디는 법과
순간의 소중함을 느끼는 법을 배웠다.

## 고수와 하수

고수는
양념이 아니라
불의 숨결로 요리를 한다.
하수는
늘 간이 짜다고,
불이 세다고,
세상 탓을 한다.
나는 배추를 다듬고 절이고
씻은 잎을 한 장씩 뒤집으며
손끝으로 시간을 익힌다.
아내는 양념을 만든다.
고춧가루의 붉음,
젓갈의 깊은 향,
그리고 사랑의 소금 한 줌.
우리는 그렇게
한 해를 담근다.

삶도 김치와 닮았다.
소금에 절여야 단단해지고,
매운 시간을 버텨야
제 맛이 난다.
불 앞에서 김장을 하며
나는 배운다
익는다는 것은
서로의 온도를 맞추는 일,
삶의 간을 맞추는 일임을.
시간이 지난 뒤
우리의 사랑도
묵은 김치처럼
더 깊어지고 있다.

## 섬, 백령도

서해의 물결은 낮게 웅크린 채
백령도의 모래밭을 쓰다듬는다.
파도는 부서지고 다시 모여
섬의 가장자리를 천천히 돌아간다.
나는 그 위에 서서
끝없는 수평선을 바라본다.
아침 햇살이 등대 위를 스치면
바위틈 사이에 숨은 풀잎들이
빛을 받아 반짝인다.
한 걸음 한 걸음 내딛을 때마다
모래는 발가락 사이로 스며들고,
바람은 내 귓가에서 속삭인다.
이 섬에는 이야기가 있다.
조용히 쌓인 시간의 흔적,
그리고 바람과 파도가 남긴 기억들.
마을 골목길에는

누군가 오래전 남긴 웃음과 발자국이 남아 있고,
낡은 어선들은
바닷바람 속에서 천천히 숨을 쉰다.
나는 백령도의 낮은 언덕 위에 앉아
세상의 소음과 나의 무거운 생각들을 내려놓는다.
하늘과 바다 사이,
그 아득한 거리에서
나 자신은 작고,
그러나 분명히 존재한다는 사실을 느낀다.
섬은 고요하지만 외롭지 않다.
물새들의 날갯짓과 갈매기 울음,
그리고 멀리서 들려오는 파도소리가
혼자가 아닌 듯 속삭인다.
바람 속에 스며든 소금기와
햇빛에 반짝이는 모래알들은
마치 오래된 시를 읽는 듯
내 마음을 흔든다.
해가 서쪽으로 기울면
섬의 그림자가 길게 늘어난다.
등대의 불빛이 하나 켜지고,
밤바다의 어둠 속에서
백령도는 또 다른 얼굴을 드러낸다.

조용히 숨을 고르고,
깊은 밤을 품은 섬은
마치 나에게
이 세상 모든 평화를 약속하는 듯하다.
섬, 백령도는 말이 많지 않다.
그럼에도 나는 그곳에서
말없이 많은 것을 배운다.
세상의 속도와 상관없는 시간,
끝없이 이어지는 바다와 하늘,
그리고 그 속에서 나 자신을 만나는 법.
백령도의 바람과 파도, 햇살과 모래는
나를 다시 살게 하고,
조용히, 그러나 분명히
나를 변화시킨다.
나는 섬을 떠나도
그 기억을 가슴 깊이
영원히 내 마음 속에 머문다.

## 그리움의 무늬

아내가 병원에 누웠을 때
나는 매일 병실로 갔다.
밥 냄새에 섞인 소독약 냄새,
그 안에서도 누군가는
누군가의 손을 꼭 잡고 있었다.
식사를 마친 뒤
아내의 머리맡을 정리하고
잠든 얼굴을 오래 바라보았다.
사랑이란, 거창한 것이 아니라
그저 함께 있어 주는 일임을
그때 처음 알았다.
병원 창가의 오후 햇살은
희미한 희망처럼 흘러들었고,
그 빛 위로 내 마음도 비쳤다.
아내의 숨결을 지켜보는 동안
나는 나의 젊은 날을 보았다.

그때의 나는 늘
앞만 보며 달렸지만,
지금은 잠시 멈춰
그녀의 눈빛 하나에도 계절을 읽는다.
사랑이란 결국,
서로의 시간을 닦아주는 일.
돌봄은 의무가 아니라,
늦게 피운 마음의 꽃이었다.
아내가 퇴원하던 날,
텅 빈 병실을 돌아보며 생각했다.
그리움도 결국은
함께했던 시간의 무늬라는 것을.
그 무늬는
이제 내 마음 안에 깊게 새겨져 있다.

## 멈칫

그날, 출근길 교통사고로
병원 침대에 누웠다.
창문 틈으로 스며드는 빛이
낯설게 느껴졌다.
진단은 4주, 퇴원은 2주 만이었다.
그 짧은 시간 동안
나는 내 안의 시계를 다시 보게 되었다.
퇴원을 앞둔 새벽,
주방에서 쾅, 하는 소리가 났다.
싱크대가 무게를 이기지 못하고 무너졌다.
그릇이 산산이 부서져
거실로 튕겨 나왔다.
그 시간,
아내가 늘 서 있던 자리였다.
평소처럼 아침을 준비하고 있었다면,
그때 나는 어떤 얼굴로 세상을 보았을까.

멈칫.
숨이 멎고, 마음이 움츠러들었다.
그 순간,
삶이 나를 살려놓은 것만 같았다.
어쩌면 그분의 손길은 거창한 기적이 아니라
이런 우연의 틈에서 빛을 내는지도 모른다.
깨진 그릇을 복도에 내어놓고
약속된 답사를 위해 장봉도로 향했다.
섬은 여전히 고요했다.
바람이 바다를 껴안고,
새들이 그 위를 미끄러졌다.
나는 한참을 서 있었다.
멈춰 선 나무처럼, 바람에 기대어.
삶은 늘 흘러가지만,
가끔은 멈춰야 비로소 보이는 것들이 있다.
바람이 건네는 안부,
파도에 섞인 시간의 숨소리,
그리고
살아 있다는, 그 단순하고도 놀라운 진실.

## 눈으로 듣는 사랑

가끔은
말하지 않고도 들을 수 있다면,
그런 사랑을 꿈꾼다.
소리 없는 세상,
눈빛과 숨결만이 오가는 곳에서
마음은 더 깊이 울린다.
말이 사라진 자리엔
떨림이 남고,
그 떨림은 진심이 된다.
그대를 바라본다.
아무 말 없이, 오래도록.
침묵 속에서
사랑이 자란다.
사랑은
느림으로 피어나는 꽃.

한 번의 눈맞춤이
천 마디를 대신한다.
눈은 귀보다 정직하다.
그대의 눈빛에 머문 온기와 흔들림이
말보다 먼저 내 마음을 흔든다.
사랑이 깊을수록
말은 줄고, 시선은 길어진다.
웃음 한 줄기면
이미 모든 이야기가 끝난다.
아무 말 없이도
서로의 마음을 읽는 일,
그것이 사랑의 완성이다.
사랑은 말의 무게보다
눈빛의 온도로 존재한다.
그대를 바라보며 듣는 순간,
세상은 가장 고요한 음악이 된다.
삶이란 결국
그런 눈맞춤의 연속.
세월이 우리를 늙게 해도
나는 여전히 그대의 눈을 듣고 싶다.
바람의 숨결, 햇살의 떨림,

그 속에 머무는 침묵의 진심.
바라보는 일은 곧 듣는 일,
눈으로 듣는다는 건
마음으로 듣는다는 뜻이니까.
겨울의 나무에도, 마른 꽃에도
보이지 않는 생명이 깃들듯,
사랑은 말이 없어도
사라지지 않는다.
바라보기만 해도 전해지는 온기,
그것이야말로
사랑의 가장 순수한 언어다.
오늘도 나는 조용히 그대를 바라본다.
멀리서, 그러나 깊이.
"나는 지금,
눈으로 당신을 듣고 있습니다."

## 낙조(落照)

저녁이 붉게 젖어갈 때,
나는 아버지의 어깨를 본다.
바다 끝에 걸린 햇살이
그의 주름 사이로 흘러내린다.
그날의 바다는
마치 한 생애가 물드는 듯했다.
갈매기 떼가 떠오르고,
파도는 남은 빛을 안아 들었다.
어머니는 노을을 가리키며 말했다.
"저건 하루를 다 산 사람의 얼굴이야."
그 말은 내 안에서 오래 저물었다.
지금도 그 문장이
내 마음의 바다 위에서 서서히 불타오른다.
나는 종종 생각한다.
낙조는 끝이 아니라, 완성이라고.
태양은 지는 순간에 가장 깊은 색을 내고,

사람은 저물어야 사랑을 안다고.
추석 무렵,
아버지와 함께 주운 밤송이의 온기가 떠오른다.
그 손끝에 남은 가을의 냄새,
그 웃음에 머물던 햇살.
작은 기쁨 하나가 세월을 지탱한다는 걸
나는 그때 배웠다.
삶은 바다처럼 밀려오고,
사랑은 저녁처럼 물러난다.
그러나 그 물러남 속에
가장 선명한 빛이 남는다.
오늘도 붉게 타는 노을을 본다.
아버지의 그림자가 바다 위로 길게 드리운다.
나는 조용히 두 손을 모은다.
"당신의 하루가 참 아름다웠습니다."

## 어떤 깨달음

가끔은 내 안에서
누군가 울고 있는 소리를 듣는다.
그 아이는 내 어린 날의 그림자,
결핍의 자리에서 자라났다.
나는 오랫동안
그 울음을 세상의 소음으로 착각했다.
더 열심히 일하고, 더 많은 사람을 만나고,
사랑이라 부르는 것들로
허기를 덮으려 했다.
그러나 마음의 그릇은
밖에서 채워지지 않는 법이었다.
무엇을 부어도 흘러넘치는 건
내가 아니라, 내 안의 공허였다.
이제는 안다.
안정은 도착이 아니라,

멈춤의 또 다른 이름이라는 걸.
혼자는 결핍이 아니라
자신과 대화할 수 있는
가장 단단한 시간이라는 걸.
내 안의 아이가 깨어날 때마다
나는 조용히 그 눈을 들여다본다.
"괜찮다."
그 말을 믿기까지, 참 많은 삶을 돌았다.
이제 나는
누군가를 사랑하기 위해
먼 길을 떠나지 않는다.
한 잎의 떨림,
결국 깨달음이란
세상을 새로 아는 일이 아니라
내 마음을 처음으로
온전히 이해하는 일이다.
그리고 나는
오늘도 내 안의 침묵 속에서
조용히 그 이름을 불러본다.
사랑, 그 하나의 단어로
모든 방황이 끝났다.

## 그렇게 사는 거지

창밖으로 흐르는 노을은
붉게 타오르다 서서히 사라지고,
거리의 불빛은
하루의 흔적을 조용히 비춘다.
나는 그 사이에서
조용히 내 숨을 가다듬는다.
사람들은 말한다.
"행복하려면 더 많이 가져야 한다."
"성공하려면 더 빨리 달려야 한다."
그러나 나는 안다.
그렇게 달려도
마음이 따라오지 못하면
모든 발걸음은 헛된 것임을.
그럼에도 나는 오늘도
작은 차 한 잔에 마음을 담고,
창가에 놓인 책 한 권에

나의 하루를 담는다.
바람이 스치는 소리,
먼 곳에서 들려오는 아이들의 웃음,
그 모든 것은
말없이 나를 위로한다.
삶은 화려하지 않다.
그러나 그 안에는
조용한 아름다움이 숨어 있다.
하루하루를 견디며
때로는 외로움 속에서
나 자신과 마주하는 순간,
그 순간이 바로 삶의 풍경이 된다.
어둠이 천천히 내려앉고
창가의 빛마저 희미해질 때,
나는 알게 된다.
인생은 거창한 무엇이 아니라,
그저 이렇게
조용히, 그러나 꿋꿋이
살아가는 것임을.
그렇게 사는 거지,
나는 속으로 말한다.

# 눈

밤의 숨결이 식어가자
하얀 것들이 내려앉았다.
소리도 그림자도 없이,
세상의 가장자리부터 덮어 가며
모든 흔적을 지워버린다.
고양이의 발자국,
개 짖는 소리,
어제의 다툼까지도
그 아래에서 고요해진다.
눈은 부드럽지만,
한순간 가지를 부러뜨릴 만큼
단단한 힘을 품고 있다.
솜털 같은 얼굴 아래
강철 같은 결심이 숨어 있다.
옥상 위,
나는 삽을 들고 하얀 숨을 걷어낸다.

하우스의 지붕이 무너질까,
눈을 쓸며 겨울의 무게를 견딘다.
그 아래 잠든 화초들,
봄을 준비하는 나무들.
그들을 위해 흘린 땀이
조용히 김이 되어 오른다.
봄이 오면 이 옥상은
꽃의 하늘이 된다.
눈을 치우는 일은
결국 빛을 맞이하기 위한 일이다.
그래서 오늘도
나는 눈을 쓴다.
세상의 눈을,
내 마음의 눈을
함께 쓸어내린다.

## 사랑하니까

손때 묻은 카메라 하나,
세월을 품은 렌즈에
내 젊은 날이 눌어붙어 있다.
지워지지 않는 흠집처럼
그 시절의 웃음이,
눈부시게 번지던 바다가 있다.
영덕의 파도는
대게의 붉은 껍질보다 더 뜨거웠다.
그날,
당신은 한 마리 더 먹고 싶었지만
말하지 못했다지.
나는 눈치 없이
그 마음을 놓쳤다.
이제야 안다,
사랑은 배부름보다 미안함 쪽에 더 가깝다는 걸.
그 후로 나는

무거운 렌즈 대신
가벼운 눈으로 세상을 찍는다.
진달래가 피는 마당,
기러기 떼가 떠나는 하늘,
그 모든 장면이
당신의 뒷모습을 닮았다.
나는 여전히 묻는다.
바람아,
내 얘기 좀 들어줄래?
사랑은 그렇게,
한 장의 사진처럼 남는다.
빛바래도 사라지지 않는 것,
그래서 나는
오늘도 수다처럼 말한다.
사랑하니까.

## 떠나지 못하는 자유

가끔은
벗어나고 싶은 마음이 나를 묶는다.
끝없는 길 위로 나아가고 싶지만,
발끝에 닿는 흙과 풀냄새,
그리고 익숙한 하루의 무게가
내 발목을 조용히 붙잡는다.
자유를 꿈꾸지만,
그 자유가 두렵기도 하다.
낯선 바람과 낯선 하늘 속으로
홀로 떠나는 일은
기쁨과 동시에
낯선 외로움을 안겨준다.
나는 생각한다.
과연 나는 자유를 원했던가,
아니면
익숙함 속에서 안온함을 찾고 있었던가.

내 안의 욕망과 두려움이
서로 부딪히며
조용한 파도를 만든다.
그러나 이 묶임 속에서도
나는 조금씩 배운다.
자유는 결코 완전히 벗어나는 것이 아니라,
마음속에서 조용히 느끼는 것임을.
떠나지 못하는 나를 안아주며,
오늘도 나는 그 안에서
조용한 숨을 고른다.
바람이 스치는 창가에 기대어
멀리 흘러가는 구름을 바라보며,
나는 깨닫는다.
묶여 있는 것처럼 보이는 이 삶 속에서도
내 안의 작은 자유는
조용히, 그러나 분명히 살아 있음을.
그래, 떠나지 못하는 자유도
나만의 길이 된다.
그리고 나는 오늘도
그 길 위에서
작게 웃으며
조용히 나 자신과 함께 걷는다.

## 그 이름

아버지가 떠난 지
열 번의 봄이 흘렀다.
그 사이 나는
한 번도 꿈에서조차 아버지를 만나지 못했다.
그곳의 햇살은 따뜻한가요,
투석 바늘 대신
별빛으로 시간을 맞이하고 계신가요.
토요일의 나는
늘 도착이 늦었다.
두 동생이
당신 곁을 지키는 동안
나는 도심의 빛 아래
출근이라는 사슬에 묶여 있었다.
미안함은
세탁되지 않는 와이셔츠의 얼룩처럼 남았다.
그 시절

아버지의 숨결을 대신 지켜준
두 동생의 손끝이
지금도 내 마음을 다독인다.
어머니는 올해 아흔 넷.
"내가 너무 오래 살지?"
그 말에 나는
"어머니가 오래 사셔야
우리도 오래 살지요"
라고 웃었다.
어머니의 밥상은
세상 어떤 예술보다 단정하고 따뜻하다.
그 밥 한 숟가락에
시간이 눅눅해질 틈이 없다.
나는 그 모습을 사진에 담아
'엄마의 밥상'이라 이름 붙였다.
누군가는 댓글로
"그 사진엔 사랑이 익어 있다"고 했다.
이제 나는
유전처럼 내려온 평화 속에서
내 나이 일흔셋의 가을을 산다.
살아 있다는 것은
누군가를 닮아간다는 뜻일지도 모른다.

아버지,
그 이름을 부르면
겨울이 온다.
겨울에 떠난 아버지.

## 그리움의 혈통

태어날 때부터
맑고 빛난 새벽 별로
나는 그리움을 물려받았다.
아버지의 눈빛 속에서,
어머니의 숨결 속에서
보이지 않는 울음의 결이
핏속을 따라 흘렀다.
사랑은 언제나
한 걸음 늦게 다가왔고,
이별은 문 앞에서
먼저 인사했다.
그래서 나는
그리움을 버리는 법보다
품는 법을 먼저 배웠다.
라디오에서 흘러나온
옛 노래 한 구절이

내 안의 세포를 흔든다.
"그리움만 남겨놓고 …"
그 한 줄이 심장에 닿을 때,
나는 한(恨)의 본향을 느낀다.
그리움은,
아마도 오래된 사랑의 다른 이름.
때로는 아내의 손끝에서 피어나고,
때로는 식어가는 차 한 잔의 김으로 살아난다.
말보다 깊은 침묵,
그 안에서 피어나는 이해,
그것이 우리가 서로에게 남긴
마지막 문장일지도 모른다.
오늘도 나는
그리움을 쓰며 숨을 쉰다.
그리움이 나를 닮아가고,
나는 그리움이 되어 간다.

## 시간의 숨결 위에 앉다

쉼 없이 달려왔구나,
인생의 언덕 위에서
이제야 숨을 고른다.
돌이켜보면
모든 세월이 '옛날 옛적에'처럼
먼 이야기다.
웃음과 눈물,
비바람과 햇살이 뒤섞인
그 긴 시간 끝에서
나는 지금
조용히 행복이라는 단어를 만져본다.
아흔 넷,
어머니의 눈빛은 여전히 젖어 있다.
당신 앞에 앉으면
나는 아직도 어린아이,
여전히 손끝이 서툰 막내처럼 느껴진다.

동생들이 말하곤 했다.
"형이 한 번 오는 게
우리가 열 번 오는 것보다 낫다"는
그 말 속엔
오래 묵은 사랑의 주름이 있다.
가끔은 커피 향 속에서
형제의 대화가 새로이 피어난다.
세상은 변했고
이제는 인공지능이 사람의 말을 흉내 내는 시대.
그 신기한 세상을 배우며
나는 다시 '처음'이 된다.
그래도,
도랑에서 가재를 잡던 그 여름의 물소리,
발끝을 스치던 흙냄새,
그 시절의 하늘만큼은
아직 내 안에 살아 있다.
시간은 쉼 없이 흘러가지만
나는 이제야 안다.
쉼이란,
다시 살아 있는 모든 순간을
감사히 바라보는 일이라는 것을.

## 흰 그날의 숨결

음력 3월,
세상은 다시 흰 숨을 내쉰다.
산등성이마다 배꽃이 피어나
봄의 심장을 다시 뛰게 한다.
그날이 오면
나는 길을 걷는다.
개나리와 진달래가 불붙은 언덕을 지나
바람이 손끝으로 내 뺨을 어루만진다.
햇살은 이슬처럼 녹아내리고
봄비는 조용히 꽃잎을 적신다.
오는 소리도 없이,
가는 발자국도 없이,
사랑은 그렇게
한 줄기 비로 스며든다.
차를 멈추고 바라본 과수원,
하얀 파도처럼 일렁이는 꽃잎들 사이로

고흐의 붓끝이 잠시 머무른 듯했다.
그는 분명, 이 봄을 그리려 했을 것이다.
자두나무도, 아몬드나무도
오늘만은 모두 배꽃이 된다.
나는 그 아래 서서
당신의 이름을 바람에 띄운다.
흰 향기에 섞인 그리움이
내 마음의 이랑마다 피어난다.
그날이 지나면
봄은 아무 일 없다는 듯 물러나지만,
내 가슴엔 여전히
하얀 그날의 숨결이 남아 있다.
그래서 나는 매년 이 길을 걷는다.
배꽃이 다시 피는 날,
그 날이 오래도록 찾아오기를
그날을 맞으러 간다.
그날이 아내의 생일이다.

## 바람이 꽃을 데리고 간다

바람은 어디서 왔을까
꽃잎의 체온을 품은 채
내 어깨를 스치며 지나간다.
오래 꿈을 꾼 사람은
꿈을 말하지 않는다.
꽃처럼 피어나기까지
얼마나 많은 바람을 견뎌야 하는지
몸으로 아는 사람은 말이 적다.
하루의 끝에서 거울을 본다.
이마의 주름이 오늘의 날씨를 닮았다.
사랑했던 얼굴이 떠오를 때면
내 안의 바람도 잠시 고요해진다.
마른 수국꽃 위로
빛 한 줄기 떨어지면
그림자조차 나비가 된다.
그 순간, 세상은 잠시 멈춘다.

바람은 다시 와서
꽃잎 하나를 데리고 간다.
내 마음의 가장 맑은 부분을
살짝 훔쳐 간다.
그래서 나는 오늘도
희망을 접지 못한다.
봄이 오는 일은
누군가의 마음이 다시 피는 일이라는 걸
나는 안다.

## 꽃 편지

화단 한켠,
보랏빛 제비꽃이 고요히 피어 있다.
봄바람이 아직 차가운 이 계절,
그 꽃을 볼 때마다
누군가의 얼굴이 떠오른다.
"밥은 먹었는가."
짧은 한마디였지만
내 마음속에서 눈물처럼 따뜻하게 번진 말.
그 사람은 늘 그 자리에서
멀리 있는 나를 생각하고
서로 그리운 풍경이 되어
보이지 않는 다리로 마음을 이어주었다.
어릴 적 친구의 부모님도 그러했다.
먼저 떠난 그분들의 잔잔한 미소가
아직 내 안에서 살아 숨 쉬며
밤하늘 별빛처럼 나를 비추고 있다.
진심으로 사랑하는 사람은

결코 떠나지 않는다.
그 자리에서 끝까지 응원하며
말없이 마음을 건네는 사람.
나는 꽃을 보며 편지를 쓴다.
꽃잎 하나하나가
전하지 못한 마음을 담아
바람을 타고 먼 곳으로 간다.
누군가에게 닿을까,
그 짧은 한마디가
그저 작은 인사가 아니라
생의 한 순간을 지탱하는 힘이 되기를 바라며.
때로는 세상이 너무 크고
사람 사이가 멀게 느껴질 때,
꽃 한 송이가,
한마디 말이,
내 마음을 꿰매고
다시금 연결해 준다.
사랑과 기억이 머문 자리에는
결코 공허가 스며들지 않는다.
그 마음은,
멀리 있는 이에게도
조용히 편지가 된다.

## 바람의 기억

바람이 한가로운 날,
우리는 섬으로 향했다.
육지의 소음이 들리지 않는 시간,
그곳엔 바다가 있고,
조용히 피어나는 쑥 냄새가 있었다.
선착장에서는
쑥 튀김이 바람처럼 고소했다.
입 안에 퍼지는 봄의 향기 속에서
나는 오래된 시간을 씹었다.
갯벌 위,
게들이 구멍 속으로 숨어드는 순간
아내의 손끝이 내 손을 이끌었다.
우리는 손으로, 눈으로
삶의 조각들을 건져 올렸다.
작은 페트병 속에
하루의 웃음이 차곡차곡 쌓였다.

해가 서쪽으로 기울 때,
노을이 갯벌 위에 눕는다.
그 빛을 따라 걷는 길,
멀리서 들려오는 방송
"음주 단속 중이오."
웃음이 섞인 섬의 하루는 그렇게 저물었다.
어느 날, 교동도로 향했다.
연륙교를 건너는 길,
기억이 우리를 건너왔다.
대룡시장의 소란과
사진관의 낡은 셔터 소리,
아내의 갈래머리 한 올이
흑백 필름 속에서 여전히 반짝인다.
한 장의 사진처럼
시간은 멈춰 있었고,
그때의 우리를
이제는 마음으로만 본다.
산 위의 스카이워크에 서서
북녘의 들판을 바라보았다.
바람은 경계를 넘고,
바다는 국경을 모른다.
여행의 끝에서,

나는 알았다.
쉼이란 멈춤이 아니라
다시 걸어갈 힘을 얻는 일이라는 것을.
오늘도,
섬의 바람 한 줌 품고 돌아간다.

## 사색(思索)

창문 너머, 바람이 천천히 머무는 자리
햇살은 무심히 내 마음 위에 앉아
나는 한 걸음, 또 한 걸음
내 안을 거닌다.
머릿속은 잔잔한 강물처럼
흘러간 날과 오늘,
그리고 아직 오지 않은 내일을 이어가고
나는 그 물결 속에서
나 자신을 만난다.
말 없는 시간 속, 생각은 작은 꽃처럼 피어나
낯선 향기로 내 기억을 깨우고
사소한 의문 하나가
바람에 실려 멀리 흩어져도
나는 조심스레 다시 주워 담는다.
나의 마음은 숲 속 오솔길처럼 깊고 어두워
걸음을 멈출 때마다

그 길 끝에서
내 그림자가 길게 늘어지고
바람은 오래전 내 이름을 부른다.
고요한 사유의 숲에서
나는 내 마음의 숨결과
세상의 숨결이 마주치는 지점을 바라본다.
그리고 깨닫는다.
모든 것의 의미는
결국 나 자신 안에서
조용히, 그러나 분명히 피어난다는 것을.
사색은 나를 흔들고,
또 나를 품는다.
나는 이 안에서
누구도 대신할 수 없는 나의 시간을
차분히, 그리고 오래도록 걷는다.

## 일의 즐거움

하루는 책처럼 펴지고
그 속에서 나는 한 문장을 다듬는다.
일은 나에게 땀의 언어이자
삶을 엮는 실밥이다.
지금의 나는 집 한켠,
햇살이 머무는 자리에 앉아
글을 쓰고, 고치고,
다시 고치는 일로 하루를 채운다.
사람들이 보지 않는 시간 속에서
문장 하나가 숨을 고르고,
생각이 한 권의 표지가 된다.
출판은 손끝의 일이다.
종이의 결을 따라 흐르는 집중,
검은 잉크 속에 스며드는 정성.
나는 그 작은 세계에서
세상의 목소리를 길어 올린다.

책을 만드는 일은
이익보다 믿음을 쌓는 일,
한 끼의 밥처럼 정성을 다해
다시 읽히길 바라는 마음으로 엮는다.
그래서 나의 일은 장사보다 기도에 가깝다.
책이 완성되어 인쇄소에서 나올 때,
그 묵직한 종이 냄새 속에는
내 하루의 숨결이 배어 있다.
표지의 이름 아래,
수많은 시간들이
조용히 숨 쉬고 있다.
사람들이 그 책을 펼칠 때,
나는 다시 일어난다.
일은 멈춤이 아니라 순환,
오늘의 손끝이
내일의 문장이 되는 기쁨.
이것이 내가 사는 방식,
일의 다른 이름은 사랑이다.

## 종이 위의 침묵

썼다, 지웠다.
종이 위의 흔적은 결국 마음의 무늬다.
지운다는 건 숨기려는 일이 아니라
진심의 결을 더듬는 일.
어머니가 건네주시던
지우개 달린 연필 한 묶음
그 자애로운 손끝의 온기가
아직도 내 문장 속에 남아 있다.
오늘 나는 그 연필을 들고
메모지 한 장을 주머니에 넣은 채
종로로 나섰다.
봄 햇살 아래 흘러가는 인파 속,
문득 눈에 들어온 문장을 적는다.
누군가의 간판,
길모퉁이의 낡은 표어,
세상은 언제나 시의 단서를 숨기고 있다.

대형 빌딩 앞에 서면
세월의 층이 한순간에 겹쳐진다.
명동의 오래된 다방,
청춘의 웃음소리,
커피 향에 시를 띄우던 날들.
이제는 약속보다 고요가 좋다.
말보다 침묵이
더 많은 이야기를 품는다는 걸
이제야 배웠다.
그래서 나는
사람의 언어보다
종이 위의 침묵을 택했다.
어둠 속에서도
빛을 향해 나아가는
한 인간으로서의 일탈.
일탈은 도망이 아니다.
삶으로 돌아가는 또 다른 귀향,
익숙한 하루를 밀어내고
빛나는 순간 하나를 품기 위한
조용한 반란이다.

## 그리움의 맛

입맛이란, 기억의 또 다른 이름이다.
아버지를 닮은 나는
매운탕을 좋아한다.
혀끝에 남는 그 얼큰한 국물 속엔
언제나 가족의 온기가 피어오른다.
어느 날,
친구들을 불러 매운탕을 끓였다.
그 중 한 친구가 목에 가시를 삼켰다.
밤새 아프다며 병원에 갔다는 말을 듣고
아내는 조용히 냄비를 꺼냈다.
매운탕 한 솥을 다시 끓였다.
미안한 마음이
따뜻한 국물 속에서 김이 되어 흩어졌다.
요즘도 그 맛이 그리울 때면
아내에게 말한다.
"오늘 매운탕 부탁해."

우럭은 매운탕의 뼈와 살을 모두 가진 생선,
끓일수록 맛이 깊어진다.
겨울이면 곰치가 제철이다.
그 이름처럼 투박하지만,
속은 맑고 따뜻한 국물.
아버지는 그 곰치국을
후루룩, 소리 내어 마셨다.
그 소리가
지금도 귀 안쪽에서 맴돈다.
아내가 시장에서
작은 물메기 한 마리를 사 온 날,
식탁 위에 올려진 매운탕을 보며
나는 웃었다.
김이 피어오르는 그릇 위로
시간이 천천히 식었다.
매운탕은
추억의 온도이며,
삶이 식지 않도록 덮어주는
그리움의 맛이다.

## 미로의 찻집

그곳에는 오래전,
이모와 이모부가 분교 선생님으로 계셨다.
강원도 삼척, 산자락 끝자락,
미로처럼 꼬불꼬불한 길을 따라 작은 마을.
한때 분교가 있었고,
아이들의 웃음소리가 골목마다 울려 퍼지던 곳.
오월의 햇살이 잔잔히 내려앉는 날이면
나는 그리움에 발걸음을 멈춘다.
바람이 나뭇가지에 부딪히며 스치는 소리는
마치 오래전 친구의 눈빛과 닮아 있었다.
서울에서 한 통의 전화만 하면
그 친구는 어느새 달려와
우리만의 작은 찻집에 마음을 놓아두곤 했다.
찻집 안은 늘 시간이 느리게 흐르는 곳이었다.
햇살은 테이블 위를 스치고,
벽에는 오래된 사진들이 조용히 웃고 있었다.

찻잔의 가장자리에는 지난 계절의 흔적이 남아 있고,
나무 바닥의 삐걱거림은 지나간 아이들의 발자국을
기억하는 듯했다.
바람에 흩날리는 꽃잎,
먼 산 너머로 스며드는 구름,
찻집 문틈으로 들어오는 저녁 빛
모두가 오월의 햇살처럼 나를 붙들었다.
나는 그 찻집 앞에 서서
오래된 친구의 눈빛을 떠올린다.
그 눈빛은 내 마음속 그리움의 시작이었고,
언제나 돌아갈 길을 기억하게 해 준 길잡이였다.
그리움이란 결국,
떠난 사람과 사라진 시간 속에서도
우리의 마음이 서로를 찾고 있는 일.
미로처럼 얽힌 길 위에서도,
사라진 이름 위에서도,
나는 여전히 그 찻집 앞에서
햇살과 친구의 눈빛을 바라보며
조용히 웃는다.
그리고 마음속으로 한 모금 차를 들이켜며
다시 걸음을 옮긴다.
그리움은 머무는 것이 아니라

걸어가는 길 위에서 살아 있다는 것을 알기에.
오월의 바람이 내 머리칼을 스칠 때
나는 오래된 교실의 창문을 떠올린다.
칠판 앞에서 분주히 손을 움직이던 이모의 모습,
아이들의 작은 발자국과 웃음소리,
그리고 그 모든 시간이 차곡차곡 쌓여
찻집 안, 테이블 위, 햇살 속에 남아 있었다.
나는 그곳에서
잊힌 이름 하나하나를 불러보고,
흩어진 마음들을 다시 맞춰본다.
그리움은 결국
우리 마음속에 늘 살아 있는 사람들의 흔적이라는 것을,
나는 미로의 끝자락에서 배운다.

# 개망초

여름의 끝자락,
들판에 흰 숨결이 내려앉는다.
한철의 바람이 다녀간 자리마다
작은 꽃들이 세상의 이별을 배운다.
제초기의 칼날이 스쳐간 자리,
잘린 줄기마다
다시 피어오르는 희망의 잎사귀.
망(亡)이 아닌
우거질 망(茫)으로 살아내는 생명들,
그 순한 인내를 나는 오래 바라본다.
도시에서 자란 아내에게
개망초를 메밀꽃이라 속였다.
그 속임이
한동안 내 마음을 덮었다.
진실보다 따뜻함이

때로는 사람을 살게 한다.
어느 날 메밀꽃을 보던 아내는
속지 않는다.
밤이면 달이 내려와
작은 꽃잎 하나를 어루만진다.
별빛은 그 위에 머물며
조용히 세상의 숨을 고른다.
그 순간,
꽃은 이름을 잃고
빛이 된다.
나는 그 앞에서 생각한다.
꽃의 이름은 중요치 않다.
그저 피어나고,
지고,
다시 피어나는 일.
그것이 존재의 전부다.
오늘도 나는 들판을 지나며
하얀 개망초를 한 줌 꺾는다.
화병에 담는다.
그 속에 희망이 살아 숨쉰다.

# 3

## 감사로 피어나는 날들

삶의 모든 순간은 감사의 빛으로 피어난다.

때로는 슬픔 속에서도, 때로는 고요한 기다림 속에서도
감사는 마음의 온기를 잃지 않게 하는 등불이 된다.

오늘도 그 빛에 마음을 기울인다.

잊혀진 듯 스러지는 하루조차
하나의 꽃잎처럼 피어나도록,
감사의 숨결로 삶을 적셔본다.

# 호국의 달

6월 초여름,
나는 선친의 묘역을 향해 발걸음을 옮긴다.
충정으로 하루를 살았던 삶,
이제는 고요히 흙 속에 안긴 채
바람과 햇살만이 스치고 지나간다.
국가유공자 가족이라는 이름,
그 무게와 애틋함이 마음속에 차올라
무심히 지나치던 6월이
오늘, 내 가슴을 조용히 흔든다.
호국원의 별들 사이,
아직 찾지 못한 산하가 나를 부른다.
나무 사이로 스며드는 햇살,
풀잎에 맺힌 이슬,
그리고 먼 하늘에 떠 있는 구름 한 조각까지
모두가 그들의 숨결과 희생을 품고 있다.
나는 기억의 길을 걷는다.

묘비 앞에 서서 손을 모으고
지난날의 이야기들을 조용히 꺼낸다.
어린 시절 들었던 선친의 목소리,
그리고 평생을 지켜온 그 눈빛이
내 안에서 또렷하게 살아난다.
6월, 마음 아픈 달.
하지만 그 속에서 나는 배운다.
희생의 의미, 충정의 무게,
그리고 그 위에 새겨진 삶의 빛을.
우리의 발걸음이 닿는 곳마다
기억과 감사가 흘러,
결코 사라지지 않을 별이 된다.
오늘, 나는 묵묵히 다짐한다.
삶과 죽음의 경계에서
우리가 잊지 않아야 할 것들을
조용히 새기며, 다시 발걸음을 옮긴다.

## 보금자리

서울을 떠나 길 위에 흘러간 세월을 접고,
낡은 기억과 먼지처럼 쌓인 발걸음을 뒤로 한 채
일산에 새로운 둥지를 틀던 날
과수원 사이로 부는 바람이
몸 구석구석을 스치고 지나간다.
복잡하지 않은 동네,
멀리서 들려오는 새소리,
골목 사이 햇살의 미세한 떨림,
작은 풀잎에 맺힌 이슬
모든 것이 조용히 나를 불러
오늘의 무게를 가볍게 한다.
나는 손을 뻗어 공기를 움켜쥐고
바람에 기대어 잠시, 아주 잠시
세상과 거리를 둔다.
골목마다 햇살이 내려앉고
낯선 집들의 창문이 은은히 반짝인다.

발걸음은 느려지고,
숨은 숨결 사이로 스며든다.
바람과 햇빛,
조용한 소리들 속에서
나는 내 안의 작은 평화를 발견한다.
밤이 오면 가로등이 켜지고
그 불빛은
나만의 보금자리를 비춘다.
조용히, 아주 조용히
새로 온 곳이 내 마음속에 자리 잡고,
내 마음은 더 이상 길 위에 있지 않다.
여기, 나는 다시 시작한다.
일산을 뒤로하고,
낯선 길 위에서 나를 찾아
나만의 보금자리를 품는다.
바람, 햇살, 그리고 나
모두가 함께하는
조용한 안식 속에서
오늘도 나는
살아 있음의 숨결을 느낀다.

## 배운다는 것은

처음 마주한
286의 컴퓨터,
타자기의 손끝은 낯설고
3벌식은 2벌식으로 바뀌며
머릿속은 작은 폭풍처럼 혼란스러웠다.
시간은 느긋하게 기다려주지 않았고,
386을 지나
Windows 7에서 11로,
이제는 인공지능의 세상이 파도처럼 밀려온다.
배움은 늘 불편 속에서 싹튼다.
낯선 명령어 사이를 헤매고,
날아가 버린 자료와 사진 속에서도
포기하지 않는 마음이 자란다.
오늘도 나는
말없는 컴퓨터 화면과 마주하며
작은 빛 하나하나를 따라

나를 배운다.
배운다는 것은
살아 있다는 증거,
조금 느리고 서툴러도
한 걸음씩 따라가며
낯선 풍경 속 새로움을 품는 일.
배움은 끝이 없는 여행이다.
끝없는 호기심의 바다를 항해하며
나의 하루하루를 배워가는 것,
그것이 살아가는 즐거움이다.

## 겨울 사랑과 봄

나는 겨울을 사랑한다.
모든 소리가 멎은 들판,
숨결까지 투명한 하늘 속에서
나는 나를 다시 만난다.
눈 내리는 날, 세상은
흰 숨으로 덮이고
그 침묵이 내 마음을 씻는다.
욕심도, 미련도 사라지고
남는 건 단정한 한 줌의 온기뿐.
아내는 봄을 사랑한다.
"꽃 피는 길을 걸으며
생을 마무리할 수 있다면 좋겠어."
그 말은 내 안에서 오래도록 녹는다.
나는 겨울의 끝에서 봄을 기다리고,
아내는 봄의 한가운데서
내 겨울을 이해한다.

서로 다른 계절이
서로를 품고 하나의 하늘 아래 머문다.
사랑이란
서로의 계절을 배우고
다름 속에서 함께 걸어가는 일.
오늘도 눈이 내린다.
하얀 숨결 사이로
아내의 기도가 들린다.
"봄날에,
따뜻한 봄날에
우리 미소로 남기를."
눈과 꽃이 함께 피는 날,
겨울의 고요와
봄의 온기가 하나 되어
우리의 삶을 완성하리라 믿는다.

## 감자 캐기

감자 캐는 날,
그 재미가 쏠쏠하다.
어머니는 고랑을 나누며
큰아들 몫, 작은아들 몫을
정해 주셨다.
동생들은 이미 다 캐 갔고,
우리만 남았다.
몸살 기운이 있는 아내와
한풀 꺾인 오후,
호미를 들고 고랑 속으로 들어간다.
감자는 고구마와 달리
쉽게 나온다.
살짝 파면
알토란같은 기쁨이
손안에 들어온다.
두세 박스 가득 채우고

집으로 돌아오면,
즐거움으로 피어난다.
그리움과 행복,
그리고 나눔 속에서
살아온 그 시절이
여전히 마음속에
감자처럼 고이 쌓여 있다.

## 잡초

길모퉁이, 사람들이 주목하지 않는 땅 끝에서
작고 연약해 보이는 생명이 땅을 뚫고 올라온다.
비바람에 몸을 맡기고, 햇살에 살을 녹이며
그 누구도 청하지 않은 자리에서
묵묵히 숨 쉬고 있는 존재.
사람들은 말한다.
"잡초라서 없어져야 한다."
하지만 나는 안다.
그 이름 속에도 꿋꿋한 생명이 숨 쉬고 있다는 것을,
누군가 버린 틈바구니에서도
자기만의 길을 찾아 피어나는 힘을 가진다는 것을.
이 작은 생명은 소리 내어 말하지 않는다.
그러나 바람에 흔들리는 잎사귀,
흙 위에 새겨진 뿌리의 흔적,
그 모든 것 속에서
세상의 모든 시간과 고통,

희망과 기다림이 함께 엮여 있음을 보여준다.
길가의 잡초는 때로는 거칠고, 때로는 부드럽다.
햇살 아래 금빛으로 빛나기도 하고,
빗속에서는 은빛 눈물처럼 반짝이기도 한다.
그 모습 하나하나가
세상의 수많은 숨은 이야기와 닮아 있다.
나는 걷는다.
발길이 닿지 않는 그 곳,
사람들이 무심히 지나치는 틈 사이로
조용히 자라나는 생명을 바라보며
삶의 의미를 생각한다.
삶이란, 때로는 잡초처럼
눈에 띄지 않는 곳에서
묵묵히 뿌리내리는 일 아닐까.
아무도 알아주지 않아도,
누구의 칭찬을 바라지 않아도
자기 자리에서 자신만의 색과 향으로 세상을 채우는 일.
오늘도 나는 잡초를 본다.
거친 땅 위에서 꿋꿋하게 서 있는 작은 존재들,
그 조용한 용기 속에서
나 또한 스스로의 삶을 견디고, 피어나야 함을 배운다.

## 청춘의 빛

장비를 가득 챙겨
지는 해를 따라 떠난다
안면도 꽃지 해변
할미 할배 바위 앞
수많은 카메라가
황혼의 빛을 기다린다.
숨 돌릴 틈 없이
밤길을 달려
영동고속도로, 대관령 옛길
정체된 차들 사이로
새해 첫 해를 맞으러
정동진으로 향한다
차 안에서 쪽잠을 청하고
인파의 술렁임에 눈을 뜨면
해가 얼굴을 내밀고
오메가 빛을 펼친다

혼자 떠나는 여행길,
외로움은 이미 선천성 그리움
어린 시절 흘린 눈물
현재 진행형처럼 따라와
검푸른 동해를 바라보며
불현듯 떠오르는 생각
동쪽에서 뜨는 해,
서쪽으로 지는 해
강릉, 주문진, 양양, 속초
미시령 옛길을 넘어
용대리 황태 식당에서 아침을 먹고
홍천, 양평을 지나
집으로 돌아가는 길
태어난 곳은 동해,
살고 있는 곳은 서쪽
바다 곁에서 그리움을 달래며
사진첩 속 청춘과 그리움을 안고
세월의 흔적을 담아
빛나는 청춘의 한 장을 남긴다.

## 새로운 눈으로

쌀밥이 그리운 날에도
아플 때는 빵이 좋다
달지 않은 단맛 속에
설탕 듬뿍 꽈배기,
꿀이 담긴 빵
사람들은 아프면
입맛이 쓰다고 하지만
나는 더 찾는다
굶지 않는 미련,
개보다 못할까
그저 웃는다.
삶은 사색이 부족했다
책은 곁에 있었지만
속독의 날들
이제는 편안히,
다른 안목으로 세상을 바라본다.

독서는 희망
글쓰기는 미래
삶의 변주는 모든 것을 아우른다.
세상을 보는 새로운 눈
긍정의 마음으로
오늘을 살아간다.

## 첫눈

낙엽은 바람에 구르고
가을과 겨울 사이, 11월의 첫눈이 조용히 속삭인다.
먼 곳에서도 전해진 소식이지만
마음속에는 시차 없이 달콤한 편지가 접혀 들어온다.
낯선 거리 위, 사람들의 발자국 사이,
첫눈은 세상을 조용히 덮는다.
모두의 눈 속에서
첫눈은 첫사랑처럼 순수하고 투명하다.
낙엽 위를 달리는 발걸음마다
늦가을의 숨결이 스며들고
차가운 공기마저 손끝을 스치는 사랑의 손길이 된다.
굵은 눈송이 사이로 햇살이 비치면
세상은 순간, 금빛과 흰빛으로 뒤섞여
말없이 감정을 담아낸다,
사람들의 웃음과 술렁이는 발걸음 속
나는 그 순간을 그림으로 담고 싶었다.

그해 겨울, 모임을 마치고 돌아서도
첫눈은 여전히 하얗게 내렸고
차를 몰아 호수공원으로 향하는 길 위에서도
정장 차림 속 첫눈과 마주한 사랑은
내 마음 한 켠에서 빛을 잃지 않았다.
호수 위로 떨어지는 눈송이를 바라보며
나는 생각했다.
사랑은 계절처럼 스쳐 지나가지만
그 찰나의 순수함은
마음속에 오래도록 내리는 첫눈처럼 남는다는 것을.
밤이 찾아와 길이 고요해도
눈은 쉬지 않고 내려 세상의 소리를 덮는다.
그 고요 속에서
나는 작은 손을 내밀어
하얀 세계 위에 나의 숨결을 남긴다.
첫눈은 말이 없지만
내 마음을 읽는 듯 조용히 내려앉는다.
그리고 나는 알았다.
첫눈은 단순한 계절의 시작이 아니고
첫사랑의 설렘이자
시간이 흘러도 지워지지 않는
순수한 기억의 기록이라는 것을.

## 가을의 사랑

가을 산책길을 걷는다.
바람에 낙엽이 흩날리고,
햇살은 나지막한 나뭇가지 사이로
조용히 내려앉는다.
사랑하는 사람의 얼굴이 떠오른다.
멀리 있어도, 어디에 있어도
그 마음은 알아볼 수 있다.
사소한 풍경 속에서도
그 사랑의 흔적을 발견할 수 있다.
팍팍한 현실 속에서
머릿속이 지워지고
기억이 희미해지는 순간에도
사랑은 사라질까 두려워
가슴이 떨린다.
걸음을 멈추고,
바람에 흩날리는 낙엽을 바라보며

나는 그 떨림을 느낀다.
산책길 끝에서 맞는 가을 하늘은
투명하게 깊고,
그 속에서 나는
사랑이 남긴 흔적들을 하나하나 주워 담는다.
햇살에 반짝이는 낙엽처럼
기억은 흐르지만 사라지지 않고,
바람에 스치는 마음결마다
사랑의 온기가 묻어난다.
그리고 문득,
사랑이란 이렇게 조용히,
그러나 분명히 내 안에서 살아 있음을 깨닫는다.
가을 산책길 위,
떨림과 설렘 사이에서
나는 오늘도
그 사랑을 알아보고, 느끼고,
조용히 마음으로 안는다.

## 아버지와 칼국수

아버지는
6·25의 포화 속에서
포병장교로 사셨다
수십 년을 나라를 품고
강인하게 살아온 삶
나는 어린 시절
군부대 안에서 시간을 보내며
칠성, 백마 부대 마크를 단
군인 아저씨들과 함께 사진 속에 서 있었다
그 시절이 아련하게 남는다
돌이켜보면
직업군인의 길을 가지 못한 아쉬움도 있다
어느 날, 아버지께서
연금이 올랐다며
"오늘은 내가 칼국수 사주마"
그 말 속에

오랜 세월의 무게와
뿌듯함이 함께 있었다
칼국수 식당에서
아버지는 계산대 앞에 서서
"오늘은 내가 산다"
웃으며 말하셨다
그 한마디 속
힘이 배어 있었다
그날 이후
칼국수 식당에 갈 때마다
나는 아버지를 떠올린다
그 웃음, 그 뿌듯함,
그리고 오래된 사랑

## 어머니의 유산

어머니는
세월의 물감을 들여
하루하루를 그리셨다.
창가에 앉아
색연필 끝으로 피어난 꽃 한 송이,
그 속에는
희망의 숨결과 인내의 무늬가 겹겹이 스며 있다.
나는 묻지 않아도 안다,
그 꽃이 단순한 그림이 아님을
당신의 삶이,
당신의 시간이,
그 안에 조용히 노래하고 있음을.
"아비야, 잘 그렸지?"
해맑은 웃음 속에
한평생의 사랑이 번진다.
세상의 어떤 명화보다

당신의 꽃이 더 찬란한 이유,
그 붉은빛엔 시간의 향기가,
그 푸른 선엔 믿음의 결이 있기 때문이다.
이제 아흔넷의 손끝에서
또 다른 봄이 피어난다.
스케치북마다 흐르는 세월의 노래
그것이 바로
당신이 남긴
가장 고운 유산이다.

## 자연과 함께

식은 커피 한 모금,
입안에 머금으며
다시 돌린다, 일상의 바퀴.
작은 집 안의 우주 속,
창밖 하늘과 바람은
늘 그리운 풍경.
옥상 작은 정원,
초록의 숨결 사이로
구름이 천천히 흐르고
푸른 하늘은
조용히 마음을 연다.
밤이면
달과 별이 내려와
속삭임을 건네고,
그 순간 알게 된다
이 고요가 얼마나 귀한 선물인지.

책과 씨름한 긴 시간,
눈가엔 피로의 그림자.
그러나 책 속에서 피어난 문장들이
자연의 울림과 함께
내 안에 뿌리내린다.
한때는 시골의 고요가 답답했지만,
이제는 산과 숲이 숨 쉬는 곳,
바람이 나무 사이를 스치는 그곳으로
가고 싶다.
시간은 느릿하게 흐르고,
모든 것은 순리에 맡겨진다.
그곳에서 나는,
자연의 이치에 순응하며
삶의 진실을 배운다.
그래서 오늘도
조용히 귀 기울인다.
자연의 노래에.

## 풀 향기

풀 내음, 바람에 실려 춤춘다.
아침 햇살은 들판을 부드럽게 어루만지고
젖은 이슬 머금은 풀잎들은
살며시 흔들리며 향기를 흩뿌린다.
바람은 느릿하게, 끊임없이
풀 사이를 스치며 지나가고
그 속삭임 따라 풀 내음은
코끝을 간질이며 마음 깊이 스며든다.
작은 벌들은 분주히 날고
새들의 노랫소리가 공기 속을 흘러
풀 내음은 단순한 향기가 아닌
숨결이 되고, 리듬이 되어
온몸을 감싸 안는다.
햇살이 천천히 기울고, 바람이 잦아들어도
풀 내음은 여전히 남아
지난 순간을 조용히 기억시키듯

마음을 적신다.
그 향기 속에서 생각은 잠시 멈추고
자연과 나, 바람과 풀
모든 존재가 함께 호흡하며
서로의 존재를 느낀다.
풀 내음, 바람, 햇살
눈에는 보이지 않지만
가슴으로 느낄 수 있는
조용한 춤을 추고 있다.

## 홀로서기

가랑비가 잔잔히 흘러내리던 날,
어머니는 나를 낯선 학교 앞에 내려두고
저 멀리, 빗속에서 흔들리는 뒷모습으로
봄빛보다 더 아프게 사라지셨다.
손끝에 남은 온기마저 서서히 사라지고,
발걸음 사이로 스며드는 차가운 공기에
세상은 갑자기 낯설고 광활하게 느껴졌다.
나는 비로소 혼자가 된다는 것을 알았다.
가랑비에 젖은 머리칼 사이로
외로움과 그리움이 물결처럼 스며들고,
발밑의 흙 내음은 내 마음을 조용히 흔들었다.
길을 걷는 동안,
하늘은 회색빛 구름으로 덮이고
나의 숨결은 작은 물방울이 되어 흩어졌다.
하지만 그 속에서도 나는 천천히 나만의 발걸음을 내디뎠다.
바람에 실린 풀 향기와 빗방울의 잔향이

나를 조용히 감싸며,
홀로 서는 법을 배우도록 속삭였다.
어머니의 뒷모습은
봄빛보다 깊은 울림으로 내 안에 남아,
아픔과 희망을 동시에 가르쳤다.
나는 그 울림을 품고,
물 위를 떠도는 듯 조심스레 내 길을 걸었다.
세상의 광활함과 낯섦 속에서,
홀로서기의 힘을 조금씩 느끼며,
언젠가 다시 마주할 어머니를 떠올리며
나는 천천히, 그러나 단단히
나의 길을 만들어 나갔다.

## 행복

컴퓨터 불빛이 은은하게 방 안을 적시고
하루의 일과가 조용히 사라진다.
거실에서 아내의 목소리가 들려온다.
"이제 그만하시지요."
그 한마디가 나를 풀어주고
피로한 눈을 감는 순간,
세상은 숨을 멈추고
시간은 유리 위에 맺힌 물방울처럼
투명하게 흘러간다.
밖에서는 개가 짖고,
고양이가 울며
밤의 끝자락을 헤맨다.
하지만 그 모든 소음은 점점 희미해지고
새벽 공기는
나를 감싸는 무색의 호흡처럼
조용히, 그러나 깊게 스며든다.

작은 틈 속에서 느껴지는 평온,
손에 쥔 따뜻한 차,
아내의 숨결이 머무는 자리,
이 모든 것이
겹겹이 포개진 시간 속에서
나는 처음으로 안다.
행복이란
멀리 있거나 거창한 것이 아니라
이렇게 소리 없는 새벽,
누구도 방해하지 않는 순간 속에서
조용히 스며드는 것임을.
빛은 아직 희미하지만
오늘 하루의 무게는
살며시 풀려
나는,
말없이 스며드는 평화 속에서
살아있음을 느낀다.
그 무엇도 방해할 수 없는
나만의 새벽,
오늘도 나는 행복하다.

## 문주란

꽃이 지고,
향기가 사라진 자리에
나는 한동안 서 있었다.
문주란의 잎은 말라 비틀어졌고,
그 뿌리마저 생의 온기를 잃었지만
그 자리에 남은 흙은
여전히 무언가를 품고 있었다.
그때부터였다.
나는 눈으로만 계절을 보았고,
손끝으로는 더 이상
바람을 느끼지 못했다.
비가 내려도
마음 한켠은 늘 마르곤 했다.
사랑을 다 주어버린 자리엔
어떤 감정도 자라지 않았다.
그것이 평화인 줄 알았지만

사실은 느끼지 않기 위한
슬픈 방패였다.
저녁이 내려앉을 무렵,
하늘은 오래된 상처처럼 붉었다.
나는 그 빛을 바라보며
문득 깨달았다.
무언가를 끝까지 지키려 했던 마음이
결국 나를 잃게 했다는 것을.
그날 이후로
감정의 문을 닫기 시작했다.
그 침묵의 시간 끝에서
'변주곡'이 태어났다.

## 변주곡

가슴을 잃어버려,
사랑을 잃어버려,
슬픔마저 빼앗긴 우리는
이제 맞아도 아파할 줄 모른다.
눈물은 유치한 감정이라 믿었고,
상처는 견디면 사라지는 것이라 여겼다.
그리하여 우리는
조용히 단단해졌고,
아무 일 없는 듯 하루를 견뎌내는 법을 배웠다.
성숙이라 부르는 이름 속에
얼마나 많은 포기가 숨어 있는지
나는 안다.
사랑 앞에서도 흔들리지 않고,
이별 앞에서도 눈을 감지 않는다.
하지만 밤이 깊어질수록
가슴 속에는 이름 모를 공허가 자라고,

차가운 달빛 아래
우리의 웃음은 점점 옅어진다.
성숙한 우리는
아픔을 느끼지 않으며
서로의 상처를 어루만질 줄도 모른다.
대신 미소로 서로를 위로하며
모른 척 지나쳐 간다.
그렇게 우리는
감정을 잃는 대신
무너짐 없는 평온을 얻었고
눈물 대신 침묵을 품었다.
그러나 어느 날 문득,
누군가의 이름이 바람에 실려 올 때면
아직도 가슴 깊은 곳에서
미세한 떨림이 일어난다.
그 떨림이
사랑의 잔향인지,
잃어버린 시간의 메아리인지
나는 그 소리를 따라
다시 한 번 살아 있는 마음으로
이 밤을 건너고 싶다.

## 기억의 향기

세월이 흘러도
그대와 함께한 순간들은
여전히 향기로 남아
내 마음 깊은 곳을 감싼다.
햇살이 바람에 흔들릴 때마다
창가에 스며드는 빛이
그대의 미소를 떠올리게 하고,
고요한 밤, 달빛이 길게 드리울 때면
그대의 숨결이 내 숨결과 겹쳐지는 듯 느껴진다.
사랑은 사라지지 않는다.
떠나간다고 해도,
멀어진다고 해도
그 기억은 늘 내 안에서 살아 숨쉰다.
조용히 마음을 적시며,
나를 다시 한 번
살아 있는 존재로 일깨운다.

바람이 불어 꽃잎을 흔들 때
나는 그대와 함께 걷던 길을 떠올린다.
떨어지는 낙엽 하나에도
그대와 나누었던 말과 웃음이 담겨 있고,
비 오는 날 창가에 머물던 시간마다
우리가 나눈 침묵조차
어쩌면 사랑의 일부였음을 깨닫는다.
진정한 사랑은
강렬한 감정의 폭발이 아니라
조용히 마음에 스며드는 향기와 같다.
때로는 느끼지 못할 만큼 미세하지만,
그 향기는 오래도록 남아
우리 삶을 지켜주고,
우리 안에 빛을 남긴다.
세월이 얼마나 흘러도
그 향기는 사라지지 않는다.
그대와 나, 우리가 걸어온 길 위에서
내 안의 사랑은
계속해서 숨 쉬고,
계속해서 나를 살아 있게 한다.

## 첫 만남

햇살이 낮게 드리운 골목길,
그대와 마주친 순간,
세상의 모든 소음이 멈춘 듯
내 마음은 한숨처럼 멈추었다.
손끝으로 스친 공기 속에서
나는 처음으로
사랑이 이렇게 조용히 다가오는 것을 알았다.
그 눈빛, 그 숨결,
말없이도 서로를 이해하는 빛깔이었다.
그 순간,
시간은 천천히 흘렀고
세상은 오롯이 우리만의 공간이 되었다.
한 걸음, 한 숨, 한 미소가
서로의 마음을 이어주었고,
말없이도 서로의 마음을 확인할 수 있었다.
길가에 흩어진 꽃잎 하나,

바람에 흔들리는 나뭇가지,
그 모든 작은 움직임조차
우리가 함께 있는 세계의 일부가 되었다.
나는 그날,
사랑이란 결국
말없이 마음을 느끼고,
서로의 숨결을 따라가는 것임을 깨달았다.
그대와의 첫 만남은
단순한 우연 아닌
내 마음 깊은 곳에서
오랫동안 기다려온 필연이었다.
그리고 지금도
그 순간의 빛과 공기,
서로의 눈빛 속에서 느낀 떨림은
조용히 내 마음 속에서
여전히 살아 숨쉰다.

## 계절의 흐름

천둥이 울고, 낙뢰가 떨어지던 밤이 지나면
아침은 아무 일 없다는 듯
청명한 하늘을 내민다.
그 순간,
몸과 마음이 함께 깨어난다.
감사의 빛이 햇살처럼 스며들고,
차가운 겨울의 공기조차
따스함으로 변한다.
홀로 있던 꽃을
화단으로 옮기니
그 색과 숨결이 활짝 번지고
마음 깊이 스며드는 온기가 된다.
한 송이, 두 송이,
꽃마다 담긴 생명과 빛을 느끼며
나는 옛 기억을 떠올렸다.
누군가와 함께 나누던 웃음,

손끝에 스치던 따스함,
그 모든 것이 꽃 속에서 되살아났다.
꽃은 이제 혼자가 아니었다.
바람에 흔들리며
이웃의 눈에도 봄을 전하고,
그들이 함께 웃을 때
꽃은 더욱 밝게 빛났다.
나는 깨달았다.
꽃을 심고 가꾸는 일은
단순한 손길이 아니라
마음을 나누는 일,
희망을 전하는 일이었다.
꽃이 피어나는 순간,
세상의 작은 기적을 보는 듯했고,
그 기적 속에서
우리의 마음도 조금씩
봄으로 물들었다.
봄은 변덕스러워도
우리 마음에 피어난 꽃은
겨울에도 살아 있고,
마치 오래된 약속처럼
따스하게 빛난다.

# 봄

입춘이 지났는데도
바람은 여전히 겨울의 말을 한다.
경칩이 지나고, 우수가 흘러도
눈은 지지 않고 내린다.
봄은 오되, 머뭇거린다.
서랍 속 겨울옷을 다시 꺼내며
나는 계절에 지는 인간을 본다.
자연의 변덕 앞에
환경을 탓하다가, 이내 입을 다문다.
그저 올해는, 늦추위가 오래 머문다.
거실의 꽃들은
찬바람을 피했지만
웃자라거나, 지쳐 있거나.
그래도 그들은
엄동을 견딘 선택받은 생명.
계단 모퉁이, 군자란 한 송이

수줍은 꽃대를 밀어 올린다.
손끝이 스치면,
겨울을 넘어온 온기가
살짝 흔들린다.
산과 들,
꽃이 없던 축제마저
봄을 닮으려 애쓴다.
세상은 언제나
뜻대로 피지 않는다.
삶도 그러하겠지.
명동의 거리,
겨울의 어둠을 벗은 옷자락이 춤춘다.
파스텔빛의 바람이
우리의 마음을 들뜨게 하고,
그 순간,
봄은 이미 와 있었다.
가슴을 활짝 펴고,
봄을 맞이하자
잠시 머물다 가는 계절처럼,
우리의 하루도 그렇게
꽃 피어라.

## 빛으로 남은 하루

아침 햇살이 살짝 창문을 스치면
나는 잠시 눈을 감고 숨을 고른다.
오늘 하루, 살아 있음 자체가
작은 기적처럼 내 마음을 채운다.
커피 향, 빗소리,
바람에 흔들리는 나뭇잎,
작은 새의 노래,
그 모든 것이
하루를 살아가는 이유가 된다.
때로는 바쁘고, 때로는 지쳐
마음을 놓치고 살아도
눈을 감으면
이 작은 세계 속에서
무수한 고마움이
내 안에 빛으로 번진다.
사람의 온기,

손을 잡아주던 순간,
이야기를 나누던 웃음,
작은 배려와 친절까지
감사의 빛으로 내 마음을 감싼다.
나는 오늘도
이 빛을 안고 걸어간다.
살아 있음의 기적,
함께할 수 있는 기쁨,
서로를 바라볼 수 있음의 축복.
감사는 눈에 보이지 않아도
결코 사라지지 않는다.
그 빛은 하루를 밝히고,
어제와 내일을 이어주는
조용하지만 가장 강한 힘이다.
오늘, 나는
모든 순간, 모든 숨결, 모든 만남에
고개를 숙이며
감사의 빛을 전한다.
그리고 내일도
그 빛을 품고
또 하루를 살아갈 것이다.

## 팔불출

한때 웃음소리로 가득하던 집
이제는 바람만 드나든다.
다정하던 손길이 떠난 자리엔
고독이 서늘히 내려앉는다.
삶이란, 그리움의 또 다른 이름.
움켜쥐어도 머물지 못하는 것들,
그제야 나는 배운다
영원은 사람의 것이 아님을.
어느 날 문득,
'무슨 의미가 있겠는가' 되뇌며
기억의 돌덩이를 품은 어깨가 무겁다.
그때 문득 깨닫는다.
인생의 성공이란,
친구 하나 얻는 일
황량한 세상 속에서
서로의 마음을 불 밝혀주는 벗 하나,

그것이면 족하리.
나 역시 고단한 길 위에서
나와 함께 울고 웃어 준
그 사람, 아내가 있었기에
견딜 수 있었다.
넉넉지 않은 살림이어도
함께하는 하루가 행복이라면
나는 기꺼이
팔불출이라 불리리라.
봄날의 햇살 아래,
소래산 북카페의 작은 테이블
그녀는 시를 읽고
나는 삶을 읽었다.
'저녁때 돌아갈 집이 있다는 것
힘들 때 생각할 사람 있다는 것
외로울 때 부를 노래 있다는 것
그것이 행복이라네.'
그 시 한 줄이 내 마음을 흔들었다.
책 한 권을 들고 돌아오는 길,
나는 바랐다
내 삶도 누군가의 이야기로 남기를.
지금, 글을 쓴다는 건

이미 내 안에
치유의 물줄기가 흐르고 있다는 뜻.
함께한 세월의 따스함이
나를 더 성숙한 길로 이끌길 바라며
오늘도, 나는 팔불출이라 부른다.

## 커피 한 잔

비 오는 새벽,
창밖에 가랑비가 내린다.
"이런 날은 커피 마시기 좋은 날인데."
혼잣말이 입술을 스친다.
예전의 그대라면
"비 오는 날 어딜 가느냐"고 했을 텐데,
오늘은 다정히 묻는다.
"오늘은 뭐 할 거야?"
그대의 마음이 변한 걸까,
세상을 조금은
따뜻하게 이해하게 된 걸까.
아끼던 마음을 내려놓는다는 건
삶의 여유를 배우는 일.
너무 아끼면
기쁨마저 닫히고 만다 했던가.
주방에서는

압력밥솥의 추가 돌고,
칼도마 소리가 정겹다.
그 소리 사이로 들려온 목소리.
"커피 타 줄까?"
"감사하지요."
한 잔의 커피에
추억이 우러난다.
그 향이 코끝을 스치고,
내 마음은 고요히 젖는다.
이토록 평범한 순간이
이토록 행복할 줄이야.
삶이란 결국,
이 한 잔의 온기로
다시 시작되는 것이리라.

## 경포의 달


경포호 위, 밤하늘은 깊고 투명하다.
은빛 달이 천천히 물 위로 내려앉는다.
호수는 숨을 고르고,
달빛은 수면 위를 미끄러지며
밤의 정적을 살며시 흔든다.
나는 호숫가를 걷는다.
발끝마다 퍼지는 달빛의 떨림을 느끼며,
작은 물결마다 은빛 별들이 흘러가고
호수는 그 모든 흔적을 조용히 받아 안는다.
바람은 숨을 죽이고
멀리 산자락 그림자가 물 위로 길게 드리운다.
갈대 사이로 스며드는 은빛은
옛 기억을 하나하나 끌어올린다.
지난 계절의 사랑,
내 안 깊이 숨겨진 그리움,
모든 것이 달빛 아래 서서히 깨어난다.

달빛은 낮게 속삭인다.
"흘러간 시간 속에서도
그리움은 남아
밤의 호수 속에서 은은히 빛나리라."
나는 그 속삭임을 듣고
호수의 숨결과 함께 숨을 고른다.
물 위에 펼쳐진 달빛의 길 위에
내 마음도 살며시 내려앉는다.
바람에 흔들리는 갈대는
달빛과 은밀히 대화를 나누며
밤의 정적 속으로 스며든다.
나는 그 속에서 오래도록 멈춰 서서
세상이 다 잠든 소리를 듣는다.
고요 속에 번지는 달빛의 온기,
호수에 스민 세월의 냄새,
그리고 내 마음 깊은 곳의 부드러운 떨림.
경포의 달은
시간을 품고, 기억을 품고,
내 마음마저 조용히 품는다.

## 그리운 어머니

가을바람이 창문 틈으로 스며드는 날이면,
어머니의 손이 그리워진다.
내 작은 손을 감싸주던 따스한 온기,
잠든 나를 바라보며 살며시 내려주던 숨결,
그 모든 것이 아직도 마음 깊은 곳에서
조용히 나를 안는다.
저녁 하늘이 붉게 물들면,
어머니가 부르던 노래가 귀를 스친다.
그 따스한 손길을 그리워하며,
속삭이던 말씀,
모든 것이 황혼 빛 속에서
내 마음을 부드럽게 감싼다.
봄이 오고 벚꽃이 흩날리는 날이면,
어머니와 걷던 고향 길을 떠올린다.
꽃잎 사이로 스며드는 햇살,
살짝 스치는 바람의 향기,

그리고 어머니의 웃음과 목소리,
그 모든 것이 꽃잎처럼
내 마음 위에 내려앉는다.
세월이 내 등을 지나
이제 나는 혼자 길을 걷지만,
어머니의 그림자는 늘 나와 함께한다.
그리움은 파도처럼 밀려와
마음 구석마다 달빛처럼 비친다.
밤하늘의 별빛 아래서
나는 어머니의 눈빛을 찾는다.
그 깊은 눈동자 속에서
말없이 나를 지켜주던 사랑을 느끼며
나는 다시 한 번 숨을 고른다.
오늘도 바람이 부는 날,
호수 위 달빛이 잔잔히 흘러가면
나는 그 손을 떠올리며
조용히 눈을 감는다.
마음속에서,
어머니와 다시 만나
말없이 나를 품어주는
따스한 숨결을 느낀다.

어머니, 그리움 속에서
나는 오늘도 당신을 그리며
조용히 사랑을 배운다.
바람과 달빛과 별빛 사이에서,
영원히 나를 지켜주는
당신의 온기 속에 살아간다.

## 그 시절의 그리움

햇살이 부드럽게 창문을 스칠 때
나는 오래된 골목길을 떠올린다.
먼지 쌓인 돌담,
아이들의 웃음소리,
그 모든 것이
마음 한 켠에서 따스하게 떨린다.
그 시절, 우리는 단순했다.
눈빛만으로도 서로를 이해했고,
작은 손길 하나에도
세상을 다 가진 듯 기뻐했다.
비 오는 오후,
우산 하나를 나누며 걷던 기억,
땀 냄새 나는 햇볕 아래 뛰놀던 순간,
밤하늘 별빛 아래 들려오던 속삭임까지
모두 내 안에 살아 숨쉰다.
세월은 흘러
사람과 풍경은 바뀌었지만

그때의 마음과 웃음은
결코 사라지지 않았다.
사진 속 웃음처럼,
마음 속 풍경처럼
언제든 꺼내 볼 수 있는
작은 기적처럼 남았다.
나는 가끔 눈을 감고
그 길 위를 다시 걷는다.
조용히 숨을 고르고,
작은 손을 잡고 달리던 순간을 떠올리며
다시 한 번 마음속으로 웃는다.
그 시절,
사랑과 기쁨, 슬픔과 설렘
모든 것이 나를 만들었음을,
그리움 속에서 나는
조용히 다시 느낀다.

시집을 마치며

## 감사의 고백

　세월은 고요히 흘러가지만, 그 흐름 속에는 언제나 사람의 숨결과 마음의 결이 살아 있다.
　이 시집을 묶으며 나는 지나온 시간을 한 장 한 장 펼쳐보았다. 닥나무 껍질을 벗기듯, 내 마음의 껍질을 벗기고 그 안에 남은 기억의 결을 천천히 어루만졌다. 웃음보다는 눈물이, 얻음보다는 잃음이 더 많았지만, 그 모든 시간이 결국 나를 길러준 손길이었음을 이제는 안다.
　세월이 내게 가르쳐준 가장 큰 선물은 '감사'였다. 젊은 날엔 그것이 버겁고 아픈 무게로만 느껴졌지만, 지금 돌아보면 그 무게 덕분에 내가 그 자리를 지킬 수 있었다.
　햇살 한 줌, 바람 한 줄기, 오래된 그리움의 잔향조차도 이제는 모두 감사의 이름으로 남는다. 감사는 슬픔의 끝에서 피어나는 가장 조용한 꽃이었다.

이 시집의 시들은 그렇게 태어났다. 눈부신 순간이 아니라, 오래된 그림자의 온기 속에서, 바다가 모든 것을 삼켜버릴 듯한 날에도, 나는 그 안에서 다시 태어나는 생명의 숨을 보았다. 그것이 내가 믿는 인간의 품격이며, 존재의 이유였다.

삶은 늘 우리를 흔들지만, 그 흔들림 속에서 우리는 비로소 단단해진다. 연탄 냄새 밴 골목길을 떠올리며, 눌러 담은 도시락의 따뜻함을 떠올리며, 나는 오늘의 나를 만든 시간들에게 조용히 고개를 숙인다.

세월은 많은 것을 데려가지만, 그 자리에 남는 것은 사라짐이 아니라 마음의 무늬다.

그 무늬는 한 장의 한지처럼 얇고 투명하지만, 빛을 통과할 때마다 오히려 더 선명해진다. 시를 쓴다는 것은 그 무늬를 더듬는 일, 다 지워지는 것들 속에서 여전히 남아 있는 온기를 찾는 일이라 생각한다.

그래서 나는 오늘도 조용히 한 문장을 적는다. 그것은 세상에 대한 작은 고백이자, 내 안의 시간에 대한 화해이다. 이 시집을 마치면서 스스로에게, 그리고 독자 여러분께 묻는다.

흘러간다는 것은 정말 사라지는 일일까, 아니면 그 흘러감 속에서 우리가 조금씩 다시 태어나는 일일까.

시간은 아무 대답도 하지 않지만, 그 침묵 속에서 나는 확신한다. 살아 있다는 것은 곧 견디는 일이며, 견딘다는 것은 결국 사랑하는 일이라는 것을 안다. 이제 이 시집을 조용히 떠나보낸다. 그 안에 담긴 나의 시간과 마음의 결들을 독자 여러분의 손에 건넨다.

이 78편의 시들이 여러분의 하루에 스며들어, 잊고 지냈던 따스함을 다시 피워 올릴 수 있기를 바란다. 그리고 먼 훗날, 이 시의 한 구절 앞에서 잠시 숨을 고르고 마음을 쉬게 된다면, 그것으로 내 마음은 충분하다. 세월의 끝자락에서 나는 여전히 배운다. 감사는 오래된 슬픔의 다른 이름이며, 시는 결국 견디며 사랑한 시간의 또 다른 형태라는 것을.

文岩 염성철 올림

작품 해설

# 시(詩) 세계의 존재론적 서정

 필자는 문암의 시집 『바람과 시간의 숨결』에 대한 작품 해설을 통하여 시집의 출간을 진심으로 축하드린다. 이 시집은 오랜 세월 삶과 자연, 그리고 존재의 근원을 성찰해 온 시인의 깊은 사유와 따뜻한 감성이 어우러진 결실이다.
 그의 시편들은 시간 속에서 스러지는 것들에 대한 애틋한 시선과, 그 너머 영원으로 향하려는 인간의 내적 목소리를 담고 있다. 이러한 의미에서 『바람과 시간의 숨결』은 시인이 지나온 삶의 여정과 그 속의 철학적 성찰이 응축된, 귀한 시적 유산이다.

## 1. 시간 속에서 피어나는 존재의 윤리
 文岩 염성철의 시집 『바람과 시간의 숨결』은 세월의 흐름 속에서 인간이 어떻게 자기 존재를 길러왔는가를 탐문하는,

하나의 존재론적 서정의 기록이다. 그의 시는 단순한 회상이 아니라, 시간 속에 응고된 감정의 결을 더듬으며 "흘러간다는 것은 곧 살아간다는 것"이라는 인식을 시적 신념으로 세운다.

시집 전체를 관통하는 정서는 감사와 견딤의 윤리이다. 상실을 미화하지 않고 고통을 외면하지 않는 시인의 시선은 언제나 진실하다. 그는 고통을 체념으로 봉합하지 않으며, 그 내부에서 피어나는 미세한 온기를 길어 올린다. 그 따뜻한 잔광이야말로 문암 시의 미학적 근간이며, 세월을 대하는 존재론적 태도이다.

서시의 역할을 하는 '한지'는 시집의 시적 세계를 가장 명징(明澄)하게 드러낸다. 닥나무 껍질을 벗기고 두드리며 한 장의 종이를 완성하는 노동의 과정은 곧 인간과 시간이 맺는 관계의 은유이다. "시간은 조용히 자신을 펴내고 있었다"는 구절은 시집 전체의 사유를 응축한다. 시간은 소모되는 것이 아니라, 인간의 내면에서 조용히 형태를 빚어가는 생명적 존재로 인식된다. 닥나무의 질긴 결은 세월의 흔적이자, 인간의 인내가 새긴 결이다. 시인은 이 과정을 통해 삶이란 기다림과 눌림의 연속이며, 그 견딤이야말로 생의 품격임을 보여준다.

## 2. 견딤의 미학, 그리고 삶의 온도

'사라의 바다'는 시집의 정서적 중심에 놓인 작품이다. 태풍

'사라'의 상흔을 매개로 시인은 인간 존재의 운명적 고통을 사유한다. 그러나 그는 비극의 표면에 머물지 않는다. 자연의 폭력 속에서도 다시 살아남는 인간의 윤리를 탐색하며, "사람은 견디는 법을 배워야 한다"는 말을 시집의 도덕적 축으로 세운다. 바다는 모든 것을 삼키지만 동시에 생명을 품는다. 시인은 이 양가적 상징 속에서 인간 내면의 심연을 비춘다. 바다는 외부의 자연이 아니라 인간 정신의 깊은 곳이며, 폭풍과 잔잔함이 교차하는 그 자리에서 그는 견딤의 미학, 즉 인간이 인간다워지는 과정을 노래한다.

'송정리의 겨울'은 개인적 기억이 사회적 서정으로 확장되는 지점이다. 어린 시절의 도시락, 연탄 냄새 밴 골목, 어머니의 한마디는 단순한 향수가 아니라 공동체적 기억의 회복이다. "그때 왜 밥을 눌러 달라 했는지 이제야 알겠다"는 어머니의 말은 세월을 건너온 사랑의 언어로 울린다. 여기서 '눌러 담은 밥'은 단단히 삶을 붙드는 마음의 은유이며, 과거의 가난은 회한이 아니라 정서적 풍요로 변모한다. 문암의 시선은 과거를 미화하지 않으면서도, 그 속에서 감사의 윤리와 인간적 연대의 품격을 되살린다.

시집의 중반부에서 시적 시선은 노동과 자연, 그리고 생명의 순환으로 확장된다. '가락국수'는 짧은 열차 정차 시간에 국수를 들이켜는 찰나를 통해 삶의 온기를 포착한다. 뜨거운 김 속에서 시인은 '살아 있음'의 체온을 느낀다. 이러한 일상의 미세한 순간이 존재의 근원적 기쁨으로 승화되는 점이 문암 시의 중요한 미학적 특질이다. '소나무'와 '연어' 역시 그 연장선상에 있다. 뿌리를 깊이 내린 나무, 거센 물살을 거슬러 오르는 연어는 모두 존재의 의지를 상징하며, 시인은 그 행보 속에서 자연과 인간이 공유하는 윤리적 리듬을 읽어낸다. 이는 단순한 생태적 감상이 아니라, 삶을 지속하게 하는 근원적 리듬에 대한 철학적 사유이다.

### 3. 머묾과 소멸의 미학

'일탈', '고서'(古書), '가을 끝자락'에서 시인은 도시적 시간 속의 고독을 응시한다. 그러나 그 고독은 절망이 아닌, 세월을 견딘 자의 조용한 품격이다. 떠나고 싶지만 떠날 수 없고, 멈추고 싶지만 멈출 수 없는 삶의 자리에서 그는 여전히 살아 있음을 사랑한다. 낡은 책, 가을의 낙엽들은 모두 머묾의 풍경이자 지속의 은유이다. 시인은 이 정적 속에서 존재의 진실을 발견한다. 삶의 깊이는 움직임이 아니라 머묾에서 자란다는 통찰이 그곳에 있다.

후반부로 갈수록 시집은 죽음과 소멸의 주제로 향한다. 그러나 그것은 두려움의 노래가 아니라 사라짐의 미학이다. '꽃처럼 지는'에서 시인은 "지는 순간이야말로 생의 빛이 가장 선명한 때"라 말한다. 피어남보다 지는 과정에서 존재의 완성이 이루어진다는 인식이다. '그리움의 무늬'와 '멈칫' 또한 이러한 사유의 연장선에 놓인다. 죽음은 더 이상 종결이 아니라 또 다른 순환의 시작이며, 시간과 존재가 다시 만나는 지점으로 그려진다.

문암의 시(詩)는 거대한 서사나 실험적 기법보다 일상의 구체적 이미지 속에서 인간의 존엄을 복원하는 진실성에 그 힘이 있다. 닥나무의 결, 바다의 숨결, 연탄 냄새 밴 골목길, 이 모든 이미지들은 한 인간이 견뎌온 세월의 결을 정직하게 엮어낸 기록이다. 그의 언어는 절제되어 있고, 감정은 깊으나 과장되지 않는다. 그 절제는 단순한 미학이 아니라 태도이며, 오래 바라본 자만이 가질 수 있는 품격이다.

결국 이 시집은 회한의 노래가 아니라 감사의 찬가이다. 시간은 흘러가지만, 그 속에서 인간이 잃지 말아야 할 것은 온기와 품격이다. 그 답은 어쩌면 한 그릇 국수의 김처럼, 저물녘 햇살의 결처럼, 조용히 우리 마음속에 남는 삶의 온도일 것이다.

최 선(崔宣) 철학박사
시인, 수필가, 칼럼니스트,
OCU대학교 겸임교수

ⓒ문암출판사 시집

**바람과 시간의 숨결**

1판 1쇄 2025. 11. 01. 발행

지은이 | 염성철

펴낸곳 | 문암출판사
펴낸이 | 염성철

출판등록 | 제2021-000079호
펴낸 곳 | 경기도 고양특례시 일산서구 산현로 92번길 42
출판부 | 031-911-1137

blog | naver.com/bookrock53
E-mail | bookrock53@naver.com

ISBN | 979-11-994283-3-1   03810

이 책의 판권은 저자와 문암출판사에 있습니다.

 이 책은 저작권법에 법에 따라 보호받는 저작물이므로 무단 전제와 복제를 금지하며, 이 책의 내용 전부 또는 일부를 사용하려면 반드시 저작권자의 서면동의를 받아야 합니다.

● 잘못된 책은 구입하신 곳에서 교환해 드립니다.